师者教育情怀与中学综合实践活动课程建设

邱静芳 著

中国文联出版社

图书在版编目（CIP）数据

师者教育情怀与中学综合实践活动课程建设 / 邱静芳著. — 北京：中国文联出版社，2023.12
ISBN 978-7-5190-5372-7

Ⅰ. ①师… Ⅱ. ①邱… Ⅲ. ①活动课程—教学研究—中学 Ⅳ. ①G632.3

中国国家版本馆CIP数据核字（2023）第250135号

著　　者　邱静芳
责任编辑　刘　旭
责任校对　秀点校对
装帧设计　刘贝贝　李　娜

出版发行　中国文联出版社有限公司
社　　址　北京市朝阳区农展馆南里10号　　邮编　100125
电　　话　010-85923025（发行部）　010-85923091（总编室）
经　　销　全国新华书店等
印　　刷　北京四海锦诚印刷技术有限公司

开　　本　710毫米×1000毫米　1/16
印　　张　16.25
字　　数　270千字
版　　次　2023年12月第1版第1次印刷
定　　价　58.00元

序言

与邱静芳老师相识于十五年前的福建省陶行知研究会培训活动，结缘于2014年的福建省高中综合实践活动课程培训班、2017年福建省第二批综合实践活动学科带头人培养计划、2021年《龙岩市初中研学课程指导用书》《龙岩市高中研学课程指导用书》编写指导等，逐渐加深了对邱静芳老师的认识、了解，直至敬佩之情油然而生。

邱静芳老师是一位勤奋好学的老师。早在十五年前，她就以个人名义申请加入福建省陶行知研究会，自费参加陶行知研究会举办的培训班学习。记得当时我在讲座中问“发表过CN论文的老师请举手”，举手的老师中就有她，好像还是核心期刊文章。为了研究生命化教育，她参与了张文质老师的“生命教育”研究活动，自费去湖南长沙、江苏南通等地参加教育交流活动。她是语文老师，较早就介入了上海的中小学研究学习课程，一直就任高中语文教学，2014年主动参加福建省高中综合实践活动课程培训班，2017年入选了福建省第二批综合实践活动学科带头人培养对象，参加了为期三年的综合实践活动学科带头人培训活动。

邱静芳老师是一位优秀的“陶子”。自十五年前第一次参加省陶研会培训活动，就对陶行知教育思想产生了极大的兴趣和研究学习热情，2010年在《师道》第5期发表学陶文章《羁鸟恋旧林——读〈陶行知教育名著〉》，并长期践行陶行知“爱满天下”的博爱情怀、“捧着一颗心来，不带半根草去”的无私奉献精神、“敢探未发明新理，敢入未开发边疆”的开拓创新精神。

邱静芳老师是一位师德模范、最美教师。2017年8月，她主动承担福建省第二批组团式教育人才援藏教师到昌都市第三高级中学开展两年的支教工作。她克服了环境的不适，一周18课时富有感染力的汉语教学，让学生一下子就喜欢上了她的课。她个人坚持资助6名贫困生，帮助困难藏族学生完成学业，发动母校教职工积极捐款6万多元支援学校，为贫困藏族学生添置冬装、解决饮水等。学生们称呼她“布姆美朵”，意为像花一样漂亮、像女神一样善良和美丽。她积极推动阅读，向西藏昌都三高图书馆捐赠图书300余册；自购110册书，分别在昌都市第三高级中学和龙岩一中建立读书社群，带动广大教师开展共读活动。她利用寒暑假编辑了《环境保护》校本教材并自费印刷1300册，经常利用周末时间开展环境保洁志愿服务活动。邱老师在2019年获评龙岩市最美教师；悉心照顾身患重病的公公婆婆的事迹感人，被评为2023年龙岩市第四届道德模范。她还荣获福建省女职工标兵、龙岩市第五批市管优秀青年专业人才、龙岩市第二批千名名师、龙岩市第二届名师等荣誉称号。

邱静芳老师是语文学科跨学科学习的先行者。2022年4月21日，教育部颁布新修订的《义务教育课程方案和课程标准》。新课程方案强化学科实践、推进跨学科综合学习、重视对学生创新实践能力的培养。新课程强调学科实践，规定每学科拿出10%的时间开展实践活动。跨学科综合学习、学科实践作为综合实践活动课程的核心理念，首次在所有课程中倡导、渗透、运用。邱静芳老师较早就开始了语文的跨学科学习。2019年她发表了论文《以综合实践活动的方式推动语文学习任务群的路径探究》，通过比较高中语文课程标准和综合实战活动指导纲要，发现这两门课程有一个共同特点，都是实践性课程，均强调综合。她认为，以综合实践活动的活动方式融入语文课程，一定可以更好地落实语文学习任务群的学习。多年的综合实践活动课程研究实践经验，或许正是昌都市第三高级中学学生喜欢她汉语教学课的原因。

邱静芳老师说她要出一本书，我毫不惊讶。因为她热爱教育，并善于研究。她邀请我为其著作《师者教育情怀与中学综合实践活动课程建设》写序，阅完书稿，我觉得其著作有如下三点特别值得学习借鉴：

一、基于育人初心去思考课程建设

有人说，教师有三重境界：第一重为职业境界，为谋生而教书，追求报酬待遇；第二重为专业境界，为晋级职称而教书，追求职称荣誉；第三重为命业境界，把教书当作服务师生生命成长的事业，讲服务奉献。从邱老师著作的第一辑，即可看出其已经进入教师的第三重境界。在她的心目中，生命成长是首位的。她关注学生在课堂上的生命体验，关注学生在活动中的生命体验，把这种“成长”作为思考的原点和终点。综合实践活动课程注重引导学生从“人与自我、人与自然、人与社会”三个层面去发现问题、探索问题、解决问题，从小组伙伴团结协作、共同研究的过程中，获得知识、培养能力及精神成长。邱老师充分理解综合实践活动课程的理念与目标，并将其娴熟地运用于综合实践主题活动的开发和实施中。

二、基于自身实践去探索实施路径

多年来，教育教学理论理念、教学模式层出不穷，名师名校长的教学主张纷至沓来，中小学教师的各级各类培训也从来不缺理论、理念。一线老师回到学校具体实施之时，却发现理论与实践并非那么融合、易操作。邱静芳老师作为综合实践活动省学科教学的带头人，她一直致力于从实践中探索，既重视理论知识的学习，也注重贴近学生实际的教学实践，不断探索融合的方式、角度，结合学生实际、教学实际，不断改进和完善现有的理论理念，生成新的理念思路。读者可以从本书的第三辑中获得启发。

三、基于核心素养去架构课程体系

邱老师常常写一些论文，感觉都超越了一线教师的思考，不仅研究学科课程建设实施，还撰写了许多学校管理类论文。其著作第四辑内容既涉及综合实践活动作为单一课程的建设问题，也涉及基于学校层面的整体课程体系建设问题。令我感动的不在于邱老师做了多么深入的探索，而在于她做这些探索时的初心。当今社会仍缺的就是这种一心求索、一心为学生的初心。

二十大报告提出：加快建设高质量教育体系，发展素质教育，促进教育公平。综合实践活动课程是培养学生综合素质的跨学科实践性课程，承担着“发展素质教育”的历史使命。我们欣喜地看到一部分学校和老师正在努力前行，积极探索。与此同时，也希望更多的老师、校长加入这个行列，不畏艰辛、积极开拓、勇于探索、默默付出、不求回报，共同打造综合实践活动课程万紫千红的春天！

邹开煌
福建教育学院教授
教育部国培计划首批专家
福建省陶行知研究会执行会长兼秘书长
中国教育学会综合实践分会学术委员
2023年3月17日

前言

先听一个故事。

积极心理学家塞利格曼的老师杰恩斯在实验室中养了一只稀有的亚马孙蜥蜴做宠物。头几个星期，蜥蜴不肯吃东西，不论杰恩斯教授如何费心，它就是不肯吃。给它吃生菜、坚果、超市买回来的肉馅，甚至捕苍蝇、捉昆虫，还把水果打成汁……这些都没用，蜥蜴一天天消瘦下去，眼看就要饿死在他面前了。有一天，杰恩斯教授带了一个火腿三明治做午餐，他分了一些给蜥蜴，但一如既往，它没有兴趣。接着，杰恩斯拿起报纸来看，当他看完头版时，他把看完的报纸放在了火腿三明治上。蜥蜴看到此情景后，立刻在地板上匍匐前进，跳上报纸，把它扯碎，一口把三明治吞下。

对蜥蜴来说，猎食是它的优势和美德。如果无法发挥这个美德，它的胃就不会苏醒。人的优势和美德是心灵的成长和丰盈，如果人放弃了优势和美德，那么，即使财富加身，心灵上也会饿死。

常有人很不解地问，现在的孩子都怎么了？不愁吃，不愁穿，只要好好学习就行，怎么还动不动就抑郁了呢？这就可以用“蜥蜴的幸福原则”来解释。他们在学习中找不到自己的优势，在物质生活中又不愁吃、不愁穿，太安逸了，没有猎食的必要，他们在这样的环境里，心灵就慢慢地饿死了。人是比动物复杂得多的，仅仅满足人的吃和穿，并不能改变什么，心灵无法得到成长，终究感受不到幸福。这就告诉我们，要特别关注学生的心灵成长，要多给学生发掘自己潜力的机会，多创造条件让学生能够发挥他的优势。

根据蜥蜴的幸福原则，在生活中我们不能包办代替，自己能做的事情自己做，自己不会做的事情学着做，例如，有一同事的孩子（小学五年级学生）在暑假期间每天都自己去市场买菜，一日三餐都是她负责煮。同事说，她和孩子都非常享受这样的生活。这个孩子通过自己的努力，发现了自己的优势，并且发挥了自己的优势。于是，她就创造了幸福的生活。而与此相反的是，一些孩子一到暑假就沉迷于网络游戏，逞一时之快，表面上沉迷于其中的快乐，事实上这样的日子过得越久就越空虚，消极的情绪就会滋生得越来越旺盛。所以我们常看到报道说某某沉迷网络，因钱财不足而触犯法律的消息。当然，这也是个例。更多的孩子是庸庸碌碌，玩不痛快，做作业不痛快，干啥都提不起干劲。虽然家长并没有限制孩子的生活，但是，孩子依然感觉不到幸福。

生活安逸本身有错吗？不，随着社会的发展，物质财富自然是越来越富足，但是，精神不成长不该怪罪于物质财富的富足，我们的大脑需要创新、需要开拓，物质财富越富足，我们可开拓的领域应该是越广泛，也更具挑战性。

获得幸福没有捷径，你必须付出努力。“教养孩子绝不仅仅只是修正他的缺点，同时还要发掘他的优势与美德，帮助孩子在社会上找到一个安身立命之所，使他的积极人格特质得以全面发展。”

几个学生在做一个课题“龙岩市新能源叉车行业现状及发展考察”时，经历了很多挫折，甚至参观考察时还因个别组员一时找不到地点而等待了两小时才集合完毕，但最终他们完成了采访、考察、数据记录，并在班级汇报时收获了热烈的掌声，最后每个成员都感受到了研究的幸福。学生在反思中写道：“我们从一开始的各自为战，到之后的分工明确，经历并成长了许多。大家在摸索中前进，揽下不同的工作。拍照、查资料、写文本、做PPT……大家都在为实现同一目标而不断奋斗。正是因为有着团结协作，有着大家的共同努力，才能将课题完成到这种地步。对于亲自参与研究的我们，不仅仅只有理论上的收获，在实践上也有着启发。如果可以，希望能够再次参加这样的学习，与同学互助，感受团队的美好，完成新的课题。”

再给大家看一段学生的研究反思：“其实我们研究这个课题的初衷就是想弘扬新罗区的闽西红色文化，但结果并没有想象中的那么好。我们所采用的研究方法主要是实地考察法和文献研究法。为了了解新罗区的闽西红色文化，我们实地考察了闽西历史博物馆。活动展开的过程中还是遇到了许多问题：组员没有到位、时间没有安排好（导致很多内容都是走马观花，没有真正了解闽西红色文化）……虽然这次活动遇到了一些小问题，但是组员之间的配合变得越来越默契。这次活动还是非常有趣的，在博物馆遇到了一个工作人员的孩子，这个孩子全程和我们一起参观，最后还带我们去参观英雄纪念碑。他不仅是我们的小导游，更像是我们的小组员。这次活动也给予了我学习拍摄视频和剪辑视频的机会，使我收获满满。”

有失败、有收获、有成长，这就是非常珍贵的体验。我喜欢开展综合实践活动，热衷于开发综合实践活动课程资源，其中一个重要原因，就是这门课程自身独特的魅力——它可以让好几个学生组队跨学科甚至超越学科去探究一个共同感兴趣的课题，在探究过程中，学以致用或者边学边用，“语言智能、数理智能、空间智能、动觉智能、音乐智能、人际交往智能、自省智能、自然智能”这八种智能均或多或少得到激活甚至发展了。

本书取名为《师者教育情怀与中学综合实践活动课程建设》，其实是我长期教学实践的心得体会，作为教育工作者，特别是作为综合实践活动课程的教育工作者，若没有足够深厚博大的教育情怀，是无法踏踏实实去落实一系列相关的教育指导纲要的，如《中小学德育工作指南》《关于推进中小学生研学旅行的意见》《劳动教育指导纲要》等，这几份文件得与《中小学综合实践活动课程指导纲要》一起研究，看看设计怎样的实践活动才能更好地落实立德树人，一切以学生发展为目的，以培养完整的人为目的，以做最真的教育为宗旨。

鉴于此，本书也就以教育理念先行、课程建设紧随、案例借鉴靠后这样的逻辑顺序编排。

第一辑“引领学生去看不同的世界”，重在探索如何做最合适人的教育，引导广大读者思考“教育、生命、人生、世界”各自的内涵及关联；第二辑“教师：阅读者、思考者、讲述者、探索者”，重在探索教师专业发展问题，要想形成美好的教育生态环境，离不开教师的专业成长，要想开发好综合实践活动课程资源，离不开教师的专业成长，所以，教师的专业成长是完成真教育、大教育十分重要的一环；第三辑“开发跨学科融合的课程资源”，抛砖引玉，向广大教师朋友提供课程资源开发的几种思路和做法，注重跨学科融合方面的实践探索；第四辑“架构全面育人的高中课程体系”，结合新课程、新高考，紧扣时代脉搏，探索基于育人价值导向的高中课程体系架构及跨学科项目式课程的设计与实施等问题；第五辑“实践探索案例”，收录的或者是作者近几年的获奖案例，或者是省级交流案例。

本书宗旨在于既能够促使广大教育工作者“不忘初心”做真教育，同时也能够给一线教师，特别是有志于在综合实践活动课程发展上深入研究的志同道合者提供一点思路和启发。

邱静芳

2023年3月

目录

第一辑　引领学生去看不同的世界

做适合人的教育 …… 2

解放儿童的空间和时间 …… 7

引领学生去看不同的世界 …… 11

汲取艺术的养分浸润我们的生命 …… 17

趋于野性则美 …… 22

第二辑　教师：阅读者、思考者、讲述者、探索者

教师读书会：促进教师专业成长的有效形式 …… 28

读书是教师最重要的一种生活方式 …… 33

教师：阅读者、思考者、讲述者、探索者

——读《回到每一个人的生命化教育》 …… 37

基于教育转型期的校本教研制度建设 …… 42

“自动化”是高效教师的必备条件之一 …… 47

书香校园建设的反思 …… 51

第三辑　开发跨学科融合的课程资源

略谈综合实践活动课程资源的几种开发和利用策略 …… 56

向科技辅导员学习综合实践活动课程资源开发策略 …… 61

德育项目共同体建设：“一体一核五翼”开放性结构初探
——以劳动教育为例 …… 68
基于多学科融合的劳动教育主题研学实践课程资源开发
——以“永定区富川一甲土楼休闲农家乐”研学实践基地课程开发为例 …… 73
借助学科课程融合走向深度学习的实施路径 …… 85
以综合实践活动的方式推动语文学习任务群的路径探究
——以高中语文学习任务群二“当代文化参与”为例 …… 90

第四辑　架构全面育人的高中课程体系

基于育人价值导向的高中课程体系架构 …… 98
高中生生涯规划课程整合体系及结构 …… 105
“课源—课堂—课程”的传统文化德育实践课程化的构建方式初探
——以闽西传统文化的传承与创新为例 …… 111
发挥地缘优势，精选教学模块
——福州一中与高校协同开设《通用技术1》的实践模式 …… 116
综合实践活动项目式课程：含义、设计与实施 …… 120

第五辑　实践探索案例

弘扬民族精神主题教育综合实践活动 …… 128
“扶助弱势群体”综合实践活动方案 …… 137
“走进三坊七巷，探寻闽都文化”研学旅行课程设计 …… 171
“走进家乡传统文化”主题实践活动案例 …… 184
高中“综合实践活动学科”单元活动作业设计：道德模范人物专访 …… 203
“玩转绳艺”劳动教育主题作业设计 …… 216

第一辑

引领学生去看不同的世界

做适合人的教育

孙云晓在《教育的核心是培养健康的人格》一文中提道，“教育的使命是发现儿童和解放儿童。发现儿童就是发现儿童的成长规律，发现儿童的潜能。解放儿童就是打破对儿童的束缚，消除儿童的恐惧，让儿童身心自由地成长”。作为教育工作者，我们要明确知道教育是什么。最佳答案是克里希那穆提说的，教育就是解放心灵。让每一个孩童的心灵绽放，那是一种追求善、追求美、追求真的心灵，而这种真、善、美，只有在自由中才会绽放，不是靠说教，更不是靠权威的恐吓。

在教师眼中，每一个学生应该都是完整的人，不是考试机器，不是“小镇做题家”，我们要为学生的一生奠基，就一定要明白，分数第一是错误的，也就是职业第一、金钱第一是错误的。分数、地位、权力、金钱并不能决定一个人的幸福指数。我们要善于发现学生的潜能，不论是否与考试有关、是否与升学有关，我们都应该积极帮助学生发掘并培养他的潜能，引导他们追求真、善、美，让他们能够真正感知到幸福，提升幸福力。我相信每个孩子都是一座金矿，相信每个孩子都有非常优秀的一面。教师要做的，就是好好观察儿童，像培育一朵花一样，给它足够的时间、空间，让它自由地吸收阳光雨露，总有一天，它会绽放自己的精彩。

党的十八大明确表述，教育的根本任务是立德树人。那么，我们要培育一个怎样的人呢？是德智体美劳全面发展的社会主义建设者和接班人。应准确把握人才培养方向，让学生享受到有质量的教育，让学生全面健康发展。综合实践活动课程的总目标是“学生能从个体生活、社会生活及与大自然的接触中获得丰富的实践经验，形成并逐步提升对自然、社会和自我之间内在联系的整体认识，具有价值体认、责任担当、问题解决、创意物化等方面的意识和能力”。可见，这是学生健康成长路上不可或缺的一门课程，必将大有作为。

做适合人的教育，首先必须以生为本，要看到每一个学生、每一个活泼的生命，考虑到每一个不同生命的不同需求、不同生命的不同特点，据此分别给予不一样的支持和帮助，助其成长，助其成才。

基于此，我提出“素养·生态·成长”的教学主张。

一、教学主张的概念内涵阐释

“素养·生态·成长”，即以素养为导向，以生态课堂为追求，以师生成长为目的。

素养，是指学科核心素养，特别是社会责任感、创新精神和实践能力。“以素养为导向”，选择主题、设计活动、指导学生、引领成长均以素养为导向。

1858年，自然科学家亨利·索瑞（Henry Thoreau）最早提出“ecology（生态）”一词，从词源来看，“生态”源于“家”的概念，具有“家”所包含的一种整体的、开放的、平衡的、生命的、共生的关系结构。1866年，德国生物学家海克尔（Haeckel）首次提出“生态学”这一科学名词，把生态学界定为“研究生物之间、生物与环境之间的相互关系及其作用机制的科学”。生态哲学是基于生态学研究成果，以哲学的理性的抽象和概括而构建的理论体系，生态化综合方法是生态哲学的一个重要的方法论，弘扬的是一种整体生态观和生态整体观，全力拆除那根深蒂固的、局部性的、学科性的、领域性的观念，消除那陈旧的“科学”观念和“学科”意识，使之达到对世界和人、生命和自然、现实与历史的整体视域。教育生态学主张坚持以学生发展为本，尊重学生，让师生的心理环境愉悦、融洽。

生态课堂运用生态学原理与方法研究课堂教学现象及其规律，将课堂内部的主体与客体间的相互关系及其发展规律作为研究对象，采用生态学的方法来剖析课堂教学的内、外部系统，从而分析课堂教学生态功能并揭示生态教学基本规律，促进课堂教学的发展和学生的成长。

生态课堂，是以尊重、唤醒、激励生命为理念，以有序、有情、有效、有趣为追求，以民主平等、自然和谐为特点，以学生为主体，以强调每一个学生的需求、欲望和意识，兼顾学生的个性发展，实现教学与师生共同成长为真正统一的课堂。生态课堂要求教师尊重不同主体的学生，采取多样性、多向性的互动来促进学生全面和谐的发展。综合实践活动课程的实施过程，实际上就是追寻价值和意义的过程，最终为促进学生在一个社会、自然、文化有机统一的环境中身心获得全面发展。

二、教学主张的关键问题和要点

1. 明确课程性质

这是一门培养学生综合素质的跨学科实践性课程。强调跨学科，就是强调学生综合运用各学科知识去认识、分析和解决现实问题。注重实践，就是强调学生要全身心、全过程参与其中，教师不可代替学生实践，也不可占用学生实践的时间。

2. 落实核心素养

综合实践活动课程实际上是以活动的综合性促进素质的综合性，着力发展核心素养，以适应快速变化的社会生活、职业世界和个人自主发展的需求，来迎接信息时代和知识社会带来的挑战。核心素养要如何落实，活动的设计要如何才科学，主题实践活动要如何定位、如何设计，这些都是关键问题。

三、教学主张的理论基础和依据

1. 人的全面发展理论

马克思提出共产主义社会是以每个人的全面而自由的发展为基本原则的更高级的社会形式。马克思提出“全面发展”这一概念是基于资本主义给劳动者、无产阶级带来的危害，劳动者因为劳动被分成几部分，人就被分成几部分，为了熟练一种工种，其他一些肉体和精神的能力都成了牺牲品，人的畸形发展和分工齐头并进，一些工人的一生都被束缚在一定的操作和一定的工具之上，人们为畸形发展所奴役。马克思提出的“全面发展”主要是指体力和脑力上的全面、肉体和精神上的全面，又指精神、文化自身的全面。关于全面发展，早在孔子的时代就已经提出来了，孔子既重视学生在思想精神层面关于仁义礼智信的教育，也重视礼乐射御书数的训练，主张“全人生的学习教育过程”（《世界教育史》）。最早提出“四育”主张的王国维先生认为教育的宗旨是使人成长为完全之人物，而以其为宗旨之教育才称得上完全之教育。蔡元培先生提出造就完全人格的思想，陈鹤琴先生的“习惯、言语、技能、思想、态度、情绪”都达到了“健全的人格”的教育理想。这些都体现了完全、和谐的思想脉络。

2. 建构主义理论

建构主义理论是认知心理学派中的一个分支，主要代表人物有：皮亚杰（J. Piaget）、科尔伯格（O. Kernberg）、斯滕伯格（R. J. Sternberg）、卡茨（D. Katz）、维果茨基（Vogotsgy）。建构主义的核心含义可以概括为：以学生为中心，强调学生对知识的主动探索、主动发现和对所学知识意义的主动建构。建构主义认为，知识不是通过教师传授得到，而是学习者在一定的情境即社会文化背景下，借助其他人（包括教师和学习伙伴）的帮助，利用必要的学习资料，通过意义建构的方式而获得。建构主义既强调学习者的认知主体作用，也不忽视教师的指导作用，教师是意义建构的帮助者、促进者，而不是知识的传授者与灌输者。学生是信息加工的主体、是意义的主动建构者，而不是外部刺激的被动接受者和被灌输的对象。学生要用探索法、发现法去建构知识的意义；要在建构意义过程中主动去搜集并分析有关的信息和资料，对所学习的问题提出各种假设并努力加以验证；要把当前学习内容所反映的事物尽量和自己已经知道的事物相联系，并对这种联系加以认真的思考。

3. 人本主义理论

人本学派强调人的尊严、价值、创造力和自我实现，把人的本性的自我实现归结为潜能的发挥，而潜能是一种类似本能的性质。人本主义最大的贡献是看到了人的心理与人的本质的一致性，主张心理学必须从人的本性出发研究人的心理。该学派的主要代表人物是马斯洛（1908—1970）和罗杰斯（1902—1987）。马斯洛提出了“需要层次论”，由低到高分别为“生理需要、安全需要、社交需要、尊重需要、自我实现”。罗杰斯发展出人格的“自我理论”，认为人类有一种天生的“自我实现”的动机，即一个人发展、扩充和成熟的驱力，它是一个人最大限度地实现自身各种潜能的趋向。罗杰斯的人本主义学习理论是以人本主义心理学为基础，强调人的尊严和价值，强调无条件积极关注在个体成长过程中的重要作用，认为教与学的过程，就是促进学习者个体的发展，注重学习过程，强调学会学习。

四、教学主张的实施策略和模式

实施策略：三“关注”——关注课堂的开放性、生成性；关注生命的自主性、完整性；关注活动的整合性、连续性。《中小学综合实践活动课程指导纲要》中指出，该课程面向学生的整个生活世界，所以具体活动内容具有开放性。教师要基于学生已有的经验和兴趣专长，打破学科界限，选择综合性的活动内容，鼓励学生跨领域、跨学科学习，为学生自主活动留出余地。教师要引导学生把自己成长的环境作为学习场所，在与家庭、学校、社区的持续互动中，不断拓展活动时空和活动内容，使自己的个性特长、实践能力、服务精神和社会责任感不断获得发展。综合实践活动课程的内容设计应基于学生可持续发展的要求，设计长短期相结合的主题活动，使活动内容具有递进性。

实施模式：营造自由、民主、开放的课堂精神文化环境→师生多维互动、资源动态生成→多元生态评价→构建活力和谐课堂。在自由、民主、开放的文化环境中，学生的心灵才能完全敞开，真、善、美才能自如呈现；师生互动、生生互动，生命之间的思维碰撞才能如泉流涌动，生命的价值和智慧、潜能和活力才会盎然地焕发勃勃生机。

五、一点感慨

我们喊着德智体美劳全面发展的口号，却做着应试的事，价值体认、责任担当因不能换算成高考的分数而被忽略。不用高考、不用学考的科目和活动，常被挤占、被删除，或者为应付检查而走过场。眼看着教育渐行渐远，我们教育工作者应赶紧将其拽回原点，回归本原。不忘初心，牢记使命，我们要做适合人的教育，眼中心中，关注的是一个个鲜活的富有个性的生命，让这些生命逐渐成长为具有悲悯的情怀、怀着古道热肠，勇于拼搏、敢于担当，独处时不孤独、群聚时不盲从，不断追求生命的至善境界的人。

参考文献

[1] 唐代兴. 生态理性哲学导论 [M]. 北京：北京大学出版社，2005.

解放儿童的空间和时间

创造教育是陶行知先生的重要教育思想。他在1944年的时候就提出要解放儿童的创造力，就是要把儿童的头脑、双手、嘴、空间、时间都解放出来。其中，给人感触比较大的是后面两种，即解放空间和时间。

一、解放儿童的空间

陶行知先生说：“从前的学校完全是一只鸟笼，改良的学校是放大的鸟笼。要把小孩子从鸟笼中解放出来，放大的鸟笼比鸟笼大些，有一棵树，有假山，有猴子陪着玩，但仍然是个放大的模范鸟笼，不是鸟的家乡，不是鸟的世界。”六七十年前是如此，现在有改善吗？没有。我们如今的学校依然是放大的鸟笼，只是鸟笼里多了一些现代化的设备。这样的鸟笼能提供给鸟儿充足的营养吗？能培养开阔的视野吗？这样的环境，创新能力从何谈起？

所以，“我们要解放小孩子的空间，让他们去接触大自然中的花草、树木、青山、绿水、日月、星辰以及大社会中之士、农、工、商、三教九流，自由地对宇宙发问，与万物为友，并且向中外古今三百六十行学习。创造需要广博的基础。解放了空间，才能搜集丰富的资料，扩大认识的眼界，以发挥其内在之创造力”。

这些道理想必大家都懂。但问题的关键是，为什么我们迟迟未能真正地解放孩子们的空间呢？为什么大自然总是像陶渊明笔下的桃花源一样，成为美好诗意的梦幻般永远不可触及的理想之境？整天在鸟笼里看星星，能成为天文学家吗？整天在鸟笼里叽叽喳喳地唱着古老的歌谣，能唱出大森林的绝唱吗？站在鸟笼外的观者，还要在一边指手画脚：人家国外的鸟儿为什么唱得比我们这些鸟儿好听？人家多有创新能力，人家随便一唱都能获得诺贝尔大奖。是不是咱这鸟笼还不够先进、还不够宽敞？于是乎，大兴土木，各地纷纷建设了新的鸟笼，更先进也更宽敞了。鸟笼变化了，但唯一不变的是，鸟笼依然还是鸟笼。

正如茅卫东老师所说的，我们缺少宏观视野，缺少公民意识，缺少陶行知，缺少蔡元培。“社会的改变并非一朝一夕之事，制度的改变并非只是决策问题。从改变心态开始，从改变认知开始……”茅卫东说。无论是教育家还是一线教师，我们都需要从改变认知开始。我们要明确知道我们的学校不该是鸟笼，那么我们的学校应该是什么？我们的教育究竟是什么？

关于学校，爱因斯坦认为不能简单地把学校看作一种工具，认为知识是死的，而学校却要为活人服务，应当发展青年人中那些有益于公共福利的品质和才能，学校的目标应当是培养有独立行动和独立思考的人。陶行知认为学校是以生活为中心，学校应该是以学生全人、全校、全天的生活为中心的学校，而不能是只专注在书本上做功夫的死学校，也不该是介于两者之间不死不活的学校。

关于教育，苏格拉底说“教育是灵魂的唤醒”；柏拉图说“教育是培养人的社会实践能力”；卢梭说“教育是人格的成长过程”；苏霍姆林斯基说“教育是以成熟的生命哺育成长中的生命，以成熟的思想点燃尚未成熟的思想，以饱满的灵魂填补空虚的灵魂”；杜威说“教育即生活”。1972年联合国教科文组织提出“教育即解放”。

肖川老师对“解放”的诠释是：“把人从相互敌视、相互防范中解放出来，从心灵之间永无宁日的战争中解放出来，从狭隘的功利和世俗的羁绊中解放出来，把人从依附、盲从和定势中解放出来，把人从习俗、传统、群体压力以及本能欲望的束缚中解放出来，这就是教育的使命。任何教育无论它处于什么层次，以哪一方面为侧重点，致力于人自由而全面的发展都应是其安身立命之所，都是其根系所在，人的解放、自由、超越、完善都应是其根本性内涵。舍此，教育就不成其为教育。”

这里每一种的解放都是一项重大而艰巨的任务。我们目前的教育与此背离甚远。

二、解放儿童的时间

陶行知说："现在一般学校把儿童的时间排得太紧。现在的中学有月考、学期考、毕业考、会考、升学考，一连考几个学校。有的只好在鬼门关去看榜。连小学的儿童都要受着双重夹攻，日间由先生督课，晚上由家长督课，为的都是准备赶考，拼命赶考，还有多少时间去接受大自然和大社会的宝贵知识呢？"如今的学校，似乎有过之而无不及。有日考、周考、月考、期考，还有各级各类的统考。其考试之频繁，似乎可申请吉尼斯世界纪录了。在这样的考试制度下，如何能产生创造的儿童？谈何创造的儿童教育？

陶行知认为"一般学校把儿童的时间全部占据，使儿童失去了学习人生的机会，养成无意创造的倾向。到成人时，即使有时间，也不知道怎样下手去发挥他的创造力了。创造的儿童教育，首先要为儿童争取时间之解放"。天蒙蒙亮的时候，街上走得最多的人群就是学生。上午上课得到中午12点整才得以放学回家，下午虽则上三节课，一节体锻课，但在校时间仍然是四节课，下午5点30分放学，6点30分就又得坐在教室里了。晚间在班级自修3小时，然后才得以回家。这样从早晨起床到夜间睡下，只有中午和傍晚一点儿吃饭时间，如此，我们的孩子该拿什么时间来向大自然学习、向社会学习呢？拿什么时间搞研究性学习？最后为了学分，就总会流于形式，甚至滋生学术腐败。

中学如此，小学也好不到哪里去。我家小孩五年级时，每天中午老师都会布置一些作业，放学回来就写作业，占用了午休时间。下午放学回家，又是接着写作业。有抄写的、听写的、背诵的、计算的，书上的、练习册上的，甚至有些家长还给孩子多买一些课外补充的学习资料，临近期末还几乎每节课都测试评分，期末统考，各学校排队。老师压力大，孩子压力大。每天晨起，孩子就面露难色，一点儿也没有一种要去学校的冲动和喜悦。带着这样的心情求学，能有一个愉快的童年吗？只要学校一开学，每天的时间就被学校的教科书占着了，孩子阅读课外书的时间少了，甚至没了；孩子自己感兴趣的探究，也没法继续下去了；孩子没有动手的时间，即使有一些创新的想法，也没时间去实践。看着孩子苦恼的样子，我心里就很不是滋味。孩子毕竟是孩子，好玩是天性。稍微玩一下，或者他的一些思想特别有创意的时候，他就激动地急于去实践、去设计、去制作。这样一来，时间就过得飞快。待他的创意告一段落时，家庭作业就得熬到夜里10点了。有时候我就奉劝孩子，还是先做家庭作业，再玩自己的东西。但每次做完作业，也基本是晚上9点多了，洗澡睡觉，时间也一样很紧张。

总之，无论是小学教育还是中学教育，均存在大量占用儿童时间的问题。这也许是创新人才越来越少的一个根本原因。

苏霍姆林斯基说，学生每天应当有四五个小时，既不用来在学校上课，也不用来在家里复习功课。这些时间应当让他用在多方面的智力生活上。如果学生除了教科书什么都不阅读，那他就连教科书也读不好。

我们应该解放孩子的时间，让他们有独立玩耍、独立思考的时间。有的家长在五天之外，还将双休日安排得满满当当的，这是极不明智的。原本五天就已经够压抑的了，如果孩子连双休日的时间都被剥夺了，那么他真的连呼吸的时间都没有了。肖川老师说没有闲暇就没有自由发展，没有自由发展，就没有对世界深刻独到的感悟、体认、理解与把握。“学校”在希腊语中就是“闲暇”的意思。我们应该有足够的理由去解放孩子的时间，为什么我们却不这样做呢？难道，我们就是以扼杀孩子创造的天性来施行我们所谓的教育的吗？

真希望陶行知先生高亢的呼声能响彻到今日，并能像春风一样，吹走教育的阴霾，吹来教育的新生与儿童的笑声。

引领学生去看不同的世界

《巨流河》是中国台湾大学外文系教授齐邦媛的著作。该书的《序》中说："这本书写的是一个并未远去的时代，关于两代人从巨流河到哑口海的故事。"巨流河是清代称呼辽河的名字，它是中国七大江河之一，辽宁百姓的母亲河，哑口海位于中国台湾南端。"巨流河"在文中已经成为作者寄托思乡情感的一个意象，成为历史沧桑的一个意象。该著作被称为"一部反映中国近代苦难的家庭记忆史；一部过渡新旧时代冲突的女性奋斗史；一部用生命书写壮阔幽微的天籁诗篇"。

但我从教育学的角度看《巨流河》，觉得它是一部渗透着深刻的教育哲学、抒写了两代教育人的教育情怀与实践、构建出一个超越时代的教育境界的教育史。

一、"中国不亡，有我！"：培养学生敢于担当的勇气

南开中学张伯苓校长自1904年只有75个学生起到他1951年逝世为止，一直用强烈的激情到处演讲，鼓励"中国不亡，有我！"的志气，宣扬教育救国的理想，足足说了半个世纪。这句话的影响力如何，齐邦媛是这么说的："张校长的身影永远留在学生心里。在沙家坝那八年，他住在校内宿舍，每天早上拄杖出来散步巡视，看到路旁读书的学生就过来拍一拍肩、摸一摸头，问衣服够不够，吃得饱不饱。……他那时不知道，他奋斗的心血都没有白费，他说的话，我们散居世界各地的数万学生都深深记得，在各自的领域传递他的薪火，永恒不灭。"就这样一些文字，就足以让人知道南开中学为什么能培养出周恩来、温家宝等十多位国家领导及陶孟和、梅贻琦等三四十位科学家、院士。还

有大家所熟知的诸如曹禺、何其芳、熊十力、老舍、周汝昌、查良铮、许国璋等大师级人物均出自南开。

“中国不亡，有我！”让我想到了另一句话：“天下兴亡，匹夫有责。”这是中国台湾忠信高级工商管理学校校长高震东2004年在北大演讲时的题目。高震东校长认为教育应该是让每个学生都主动把责任拉到自己身上来，而不是推出去。这才是办教育。

“中国不亡，有我！”喊出了一种力量、一种精神、一种思想。“每天早上升旗典礼，老师们总会说些鼓励的话，南开给我们的这种‘敲打的教育’，深深影响着我们。在战火燃烧的岁月，师长们联手守护这一方学习的净土，坚毅、勤勉把我们从稚气孩童拉拔成懂事少年，在恶劣的环境里端正地成长，就像张伯苓校长说的：‘你不戴校徽出去，也要让人看出你是南开的。’”

这就是南开精神的力量。这种以培养精神自由和人格独立为核心的教育，以培养批判精神、反省意识、对社会问题的强烈责任感和敢于担当的勇气的教育，才是真正的教育，才是能够让中国自强的教育。

22岁到德国柏林留学的齐世英（齐邦媛的父亲）就已经认识到：“只有真正的知识和合理的教育才能潜移默化拯救积弱的中国，而不是激动热情的群众运动。不择手段只达目的的革命所遗留下来的社会、文化问题需要更多的方法去理性解决，才能弥补。”他主张用最理性的方式办教育，不像现在某些教育场景，轰轰烈烈，搞得跟传销似的。在这种浮躁的教育风气影响下成长起来的中国的未来，能让人放心吗?

二、“教书从来不只是一份工作”：引领学生去看不同的世界

齐邦媛重视课堂教学。她说：“一年可以是很长的时间，除了寒暑假外，九个月的时间可以讲很多，听很多。如果善用每堂50分钟，凝聚学生的注意力，一个教室可以像河海领航一样，以每课文章作为船舶，引领学生看到不同的世界。”她热爱教书，说：“教书实在是充满乐趣的事，你一走进教室，听到一声‘立正敬礼’的口号，看到一屋子壮汉‘唰’的一声站立起来，心智立刻进入备战状态，神志清明，摒除了屋外的牵虑，准备挑战和被挑战。”“对我而言，教书从来不只是一份工作，而是一种传递，我将所读、所思、所想与

听我说话的人分享，教室聚散之外，另有深意。他们（‘他们’，指学生），都是我心灵的后裔。”

这就是齐邦媛作为一名教师的自我意识和职业认同感。因此，无论客观外在条件如何艰难，她都是那么乐观、勤勉。把学生当成自己心灵后裔的人，对教学的投入可想而知。齐邦媛于1958年转任到中国台湾省立农学院（1961年改为省立中兴大学）教大一英文课程，1960年教大二英文课程，教材自定。当时台中图书馆、学校图书馆的英文资料少得可怜，她就到台中美国新闻处去，大约读遍了那里的文学书。当齐邦媛被叫去静宜女子文理学院教大三的“美国文学”课时，她“把静宜图书馆里所有关于美国文学的书都读遍了，笔记本、教科书上面写了密密麻麻的小字”。当她被请到东海大学外文系教翻译课时，她自己编写教材，作业批改，讨论、讲解翻译的各种可能性，她说：“我的翻译课完全要动手去做的，有累积的英文能力不是平白就能得来的，也要有很好的范例，我必须眼观四面、耳听八方地找很多资料，才能教得充实。”当她到美国圣玛丽学院教中国文学课时，为了教课，她又“读遍馆中所有有关中国文学的书”。“教学相长”是基于教师的自我意识和职业认同感的。还有，朱光潜老师上英诗课选用当时全世界的标准选本——美国诗人帕尔格雷夫主编的《英诗金库》，但并不按照编者的编年史次序。他在上学期所选之诗都以教育文学品位为主，教大家什么是好诗。无论是齐邦媛还是朱光潜，都特别重视对教材的选定，这就是雅斯贝尔斯所强调的：“全部教育的关键在于选择完美的教育内容和尽可能使学生之‘思’不误入歧路，而是导向事物的本源。”

齐邦媛上翻译课时，让学生做一篇极具挑战性的翻译作业，“每个人都纠着眉头，一副快要阵亡的样子”，齐邦媛看此情景，内心十分愉悦，她说“真是精彩”。当时读到这里时，我心里哑然失笑，觉得这是个十分可爱的老师，没往深层次去思考，后来读到雅斯贝尔斯的一句话才豁然释怀：“教育活动关注的是，人的潜力如何最大限度地调动起来并加以实现，以及人的内部灵性与可能性如何充分生成。”我想，齐邦媛教授的那种让学生有阵亡之感的翻译课，一定就是能够最大限度地调动起学生潜力的课。

三、“师长之春风化雨”：为学生打下一生读书为人的基础

齐邦媛的中学时代正是战火纷飞的时候，就像她说的，常常是炸弹声伴随着读书声，常常带着课本跑警报，在防空洞里准备第二天的考试。就在这种生存状态下，她说：“在南开优良的读书风气中，得师长之春风化雨，打下了一生读书为人的基础。”

南开的教学一直维持很高的水准，视野阔，要求严，难度大。“学校规定学期结束时若有三分之一课不及格即留级，二分之一不及格即退学，不管家长是谁都没有用。”南开向来注重国际性，英文教材的难度很高，“理化方面程度也很强，学生上了大学以后，念物理、化学如入无人之境。教学也教得扎实，大概是当时最早教微积分的中学”。

南开的师资非常优秀，各个都出类拔萃，“以任何时代标准来看，都是注重性灵启发的有识之士”。有一学生谢邦敏毕业考物理交了白卷，但在上面写了一首词述志，自思是毕不了业了，物理名师魏荣爵阅卷时也在其试卷上写了四句：“卷虽白卷，词却好词，人各有志，给分六十。”这个学生后来在北大教书。放如今想想看，我们毁了多少能在北大教书的学生？

南开的课堂魅力四射。吴振芝老师的世界人文地理课，融入了世界历史的重要源流和变迁，在黑板上画世界地图，每一堂课都似瀛海传奇深深吸住我们的目光。课本内容已相当丰富，老师还常常带些当时稀有的大本洋书和图片给我们传阅，她声调低沉但充满了feeling（只是“感情”是不够的），常似在检视偌大地球的沧桑。这样的课堂对齐邦媛的影响是：“在成长岁月中读了这样一门课，使我日后对阅读、旅行都有适当的期待，借着少年时代的知识基础和渴望，可以探索别人文化的深度，而不甘于浮光掠影式地盲目赶路。”这让我再次相信：只有优秀的课堂才能真正为人的一生奠基。

还有孟志荪老师的国文课、诗词选课。首先是国文，“南开中学的国文教科书，初一到高三，六年十二册是著名的，主编者就是孟老师。初中时选文由浅入深，白话文言并重，‘五四’以来的作家佳作启发了我们的新文学创作。高中课本简直就是中国文学史的选文读本，从《诗经》到民国，讲述各时期文学发展，选文都是文学精华”。到高二的时候，孟老师开创了当时中学罕见的

选修课程，高二诗选，高三词选。孟老师的课堂更是吸引人：“他的声音带着相当干涩的天津腔，但当他开始讲课，立刻引人全神贯注。他的语言不是溪水，是江河，内容滔滔深广，又处处随所授文章诗词而奔放。”“生动精彩，充满激情，任何人听他的课都会被他吸引，感情随他的指引而回荡起伏，进入唐宋诗文的境界，下课铃响后，才如梦初醒，回到现实。”这样的老师让我辈望尘莫及，这样的课堂令所有学子魂牵梦萦，我们该努力追求这样的语文教学境界。

除了南开的名师，齐邦媛还重笔写了武汉大学朱光潜教授。

朱光潜老师的英诗课实在精彩，有兴趣的话可以详细阅读《巨流河》第112页至第114页，这里是笔者摘录的片段。朱老师在教华兹华斯的《玛格丽特的悲苦》时，读到“the fowls of heaven have wings... Chains tie us down by land and sea”（天上的鸟儿有翅膀……链接我们的是大地和海洋）时，说中国古诗有相似的“风云有鸟路，江汉限无梁”之句，此时竟然语带哽咽，稍微停顿又继续念下去，念到最后两行“If any chance to heave a sigh（若有人为我叹息），they pity me , and not my grief（他们怜悯的是我，不是我的悲苦）”，老师取下了眼镜，眼泪流下双颊，突然把书合上，快步走出教室，留下满室愕然，却无人开口说话。当他在文庙配殿的那间小小的斗室之中，讲《西风颂》（*Ode to the West Wind*）时提到雪莱的名句：“冬天到了，春天还会远吗？”（If Winter comes，can Spring be far behind？）他说雪莱的颂歌所要歌颂的是一种狂野的精神，是青春生命的灵感，是摧枯拉朽的震慑力量。讲解到此时，“他用手大力地挥拂、横扫……口中念着诗句，教我们用the mind’s eye想象西风怒吼的意象（imagery）。这是我第一次真正地看到了西方诗中的意象。一生受用不尽”。

孟志荪老师的课堂引领大家进入唐宋诗文的境界，朱光潜老师的课堂同样恍若梦境：让听者“心灵回荡，似有乐音从四壁汇流而出，随着朱老师略带安徽腔的英国英文，引我们进入神奇世界”。

孟、朱二人除了课堂之外，还有一点对我颇有启发，即强调背诵。特别是朱光潜老师，“朱老师坚信好文章要背诵，我们跟他念的每首诗都得背。英诗班上不到二十人，背书和私塾一样，无人能逃。‘教’和‘背’之际，每首诗由生变熟，有老师几句指引，确能得其真意”（第118页）。这样的背诵，对学生的影响无疑是深远的，齐邦媛在80多岁写这本《巨流河》时是这样总结的：“我浸润于孟老师的诗词课整整两年，如醉如痴地背诵、欣赏所有作品，至今仍清晰地留在心中。加上日后在武汉大学朱光潜老师英诗课上也背了百首以上的英诗，中英两种诗选中相异又相似的深意与境界，四年之间在我心中激荡、回响。在生命的清晨融合出我这样一个人，如覃子豪《金色面具》诗句：‘如此悲伤，如此愉悦，如此独特。’”（第78页）

齐邦媛能在颠沛流离中接受完整且高质量的教育，她的父亲功不可没。首先是她父亲本身非常爱读书，年轻时没钱买书，就和书店约好，把书买回来以后，不要弄脏，看完后送回书店拿回八折的钱再买别的书。后来他父亲创办《时与潮》，又会集了各地大师级人物，这份杂志及这些教授对齐邦媛的影响也非常大。

齐邦媛总结自己的一生说：“自病弱的童年起，一直在一本一本的书叠起的石梯上，一字一句地往上攀登，从未停步。”

人生之峰以书为梯，这是齐邦媛给我的启示。当你厌了倦了，不妨去看看巨流河。这是一条奇特的河。

汲取艺术的养分浸润我们的生命

摩挲着这本《吴冠中画语录》，一直掂量着该如何向更多年轻的读者推介这本书。

我一直以为，但凡想活得有滋有味一些的生命，都必须懂一点艺术；但凡懂艺术的，他都会努力让枯燥的技术焕发艺术的光彩；无论富有还是贫穷，他都不会迷失自我；无论他从事何种职业，他都能够享受其中。

前不久有幸与《中学语文教学参考》的主编张万利先生晤面，张万利先生说，语文人是要会一点书画的。此语似乎道出了“文、书、画”三者之间相辅相成的关系。吴冠中先生在多个场合都说起过，要学美术，必须要有深厚的文学功底。

文、书、画的一个共同点，就是感情要真。有真性情，可不拘小节。吴冠中先生说，从绘画的技术角度看，作画要求技法干净利索，排斥拖泥带水。但干净利索的画面却不动情、不感人。嬉笑怒骂、涕泪横流是失态了，情之所至，得意忘形，画面应留住那得意忘形的现场记录。他说绘画中干净利索不一定是优点，而拖泥带水却往往是痛哭流涕的留痕。如何品评干净利索和拖泥带水的优劣呢？关键在于识别作者感情的真味。石涛作画，着眼点是激情喷发与整体构成，不拘泥于局部笔墨的“干净利索”。吴老称之为“真正牢牢掌握了艺术创作的规律”。

书法其实也是如此，成功的书法作品是书法家“心手达情，书不妄想”的结晶。书法家并不拘泥用笔，死拟间架，而是变化多端，巧存新意。唐代书法理论家孙过庭是这样赞叹王羲之书法的，“岂知情动形言，取会风骚之意；阳舒阴惨，本乎天地之心”。书法之道是本自天地之心、自然宇宙之道的，而线的运行、点画的使用，乃至整幅作品的抒情气氛，却是心性意态的自然流露。也正因为如此，后来被誉为天下第一行书的《兰亭集序》，即便是王羲之自己，脱离开当时的心境，也难以重新再书写一幅了。被后世誉为“天下行书第二”的颜真卿《祭侄文稿》，是创作于悲伤之中，无意于书法的书法佳作。刚开始心境尚能抑制住悲愤之情，字体章法圆浑流畅，后来抑制不住时，则神思恍惚，字体忽大忽小，时而凝滞，时而疾行，涂改无定，直至笔枯墨竭，干笔铁画，好像心涛难遏。撼人心灵的妙笔出于真情怀。

感情是无法抄袭的，要想出好作品，定要有真性情。无论是文、是书还是画。吴冠中先生有个非常经典的主张：笔墨等于零，即“感情决定技巧，新感情催生艺术新样式，笔墨毕竟属于技巧，程式化的笔墨准则等于零”，“抄袭老的笔墨，抄袭人家的感情，虚假的感情，这就是笔墨等于零”。

透过吴冠中先生这些创作规律，我们会看到一种更广阔的生命姿态。因为吴冠中先生自己就是最真的人。正如画家赵士英所说，他是“一个不能再实在的人，他里里外外可以照X光的，是透明的，他高兴就高兴，是就是是，非就是非”。吴冠中先生自己也说：“人生只能有一次选择，我坚持向自己认定的方向摸索，遇歧途也绝不大哭而回。错到底，作为后车之鉴。”他对自己的选择是认真的、是坚定的，哪怕是歧途。他的执着里有他的淡泊。他不追求成功，只追求美。

我十分敬佩吴冠中先生，不是因为他在美术史上的出色贡献，而是在于他对事业执着追求的精神。他常背着沉重的画夹天南海北地跑，这一跑就是几十年。他的学生，著名画家赵士英说：“我没见到第二个八十几岁的画家，走到哪都带着速写本。”他的另一个学生，著名画家王铁泉说：“我觉得吴冠中先生对美的追求像战士一样。”

正是因为吴冠中先生的“真”，于是，他在创作过程中，处处追求“魂”。不仅要画出物、景的魂，也要画出作者自己的魂。他说，画家最易制造伪作，就是“并无感情投入，涂抹得毫无性灵”的伪作，“比如文学作品的不知所云”。“技巧的高低须凭功力，而品味、品位是素质，这根本性的素质改造不易。有人夸夸其谈，一看其作品，真伪立见。唯有作品，最赤裸裸地揭示了作者的灵魂。”他所创作的收藏于美国堪萨斯大学艺术馆的《松魂》，从写生到最后创作出来，前后历时五年，就是为了寻到松魂。他不断思考的问题是：“两千年不散的松魂是什么呢？如何从形象上体现出来呢？”

而融入作者之魂的作品，却是非同寻常的，比如吴冠中先生多次提到的凡·高。他从青少年学画时期起就热爱凡·高的作品，而且此后一直热爱，他分析个中缘由是：“由于他火热的心与对象结成了不可分割的整体，他的作品能打动人的灵魂。形式美和意境美在凡·高作品里得到了自然的、自由的和高度的结合，在人像中如此，在风景、静物中也是如此。古今中外有千千万万画家，当他们的心灵已枯竭时，他们的手仍在继续作画，言之无情的、乏味的图画汗牛充栋，但凡·高的作品几乎每一幅都透露着作者美的心灵在跳动。”

画家对笔墨的钟爱，就如作家对文字的钟爱。笔墨是画家的灵魂之舞，文字是作家的灵魂之舞。

培养自己的画心，能提高自己的审美能力。像吴冠中先生那样，时刻能捕捉到美的东西。

且看吴冠中先生的“曲折说”：“曲，曲折，是文学艺术中不可或缺的结构因素，甚至往往成为作品的主调。称之为歌曲，表明歌唱离不开跌宕、婉转、悠扬，声浪多曲，波状推进，绝非直着嗓子吼叫。在造型艺术中，曲之美丑更为突出。柳腰，柳的姿态之美多半源于腰部之扭曲，故柳之美尤其显示在早春。早春，刚吐叶芽，枝线飘摇，微风吹来，曲线之美、之媚，最是引人入胜。我曾将之称为披纱垂柳，每年这个季节总要用绘画捕捉‘柳如烟’的披纱垂柳，但难尽其妙，常扑空。盛夏，垂柳浓妆，绿荫蔽日，壮实而丰满，但失去了曲线之韵律。”文学创作上不是有句“文似看山不喜平”，故事情节总要有那么一波三折，否则便难以引人入胜。直冲云霄的高楼大厦，就是不如黛瓦飞檐来得有诗意和韵味。柳树婆娑，摇曳生姿，但在离人崔莺莺眼中，则唱道，“柳丝长玉骢难系，恨不倩疏林挂住斜晖”。李商隐笔下的秋柳“曾逐东风拂舞筵，乐游春苑断肠天。如何肯到清秋日，已带斜阳又带蝉！”饱含无限的凄凉肃杀。秋柳失去了春柳的繁盛，在惨淡斜阳下，还带着秋蝉的悲鸣，文学的悲凉意境便一览无余。诗也罢，画也罢，其实都追求一种意境，有意境则自成高格。

我们在解读王摩诘的诗作时，常采用苏东坡的评论“诗中有画，画中有诗”。吴冠中先生十分赞同，他说，由此可见艺术之间是通灵的。但他认为喜欢在画上题诗却是极不好的习惯，诗与画是没有关系的，同床异梦，诗题上去反而破坏了画面的结构。他反对这样牵强附会的题画诗，而是认为好画中自然有意境、有诗意，不必再题首诗上去。

在吴冠中先生的《画语录》中，无论是谈他的画论，还是谈他的美学思想、教育思想，或是抒发思乡爱国的情怀，无不透露出其深厚的文学功底。在文学上对他产生深远影响的应当是鲁迅，他说：“到初中，我接触到鲁迅的著作《伤逝》《孔乙己》《阿Q正传》《秋夜》，人世间的真实像一把剑深深刺入了我的心脏，我动心了，体会了文学的力量，通过文学进入了人世间，辨其美丑，同时更深深爱上语言之美。”后来，他为了到法国留学，又致力于学习法语，他从旧书摊买来法文小说，拿着辞典，一字一句地读，这样的学习，不仅让他学会了法文，还从原著中“感到伟大作家们观察之深刻与表达之贴切”。吴冠中先生青年时代的“主要娱乐”就是读书，特别是文学类书籍，“读其著作，才能深深了解其内心，体会人间的世态人情。小仲马、莫泊桑、雨果、福楼拜、拉马丁、凡·高、塞尚、李清照、石涛……我们无缘与他们相识，我们却在其作品中真正认识了人类的精英”。真正有效的阅读，应该是这样的：你读过的东西，不管你是否还记得，但都融入你的血脉里。

2010年11月，在吴冠中先生逝世后的第五个月，浙江美术馆举办了吴冠中作品展，吴冠中先生的长子吴可雨说：“很多人对吴冠中都不了解，大家只知道他的画价格高，而对他的艺术都不懂。我希望大家看了展览之后，可以知道他是一个什么样的人，了解他是一个怎么样的艺术家。”中国香港艺术馆馆长司徒元杰说：“现在再看这些画，不单单是看到了这些表面的线条、颜色、墨是怎么样的，还看到了吴老。做了这么多艺术家的展览，只有做他的展览的时候有这种感觉——这不是做一个展览，而是一个人。在中国香港，他的一张画可以拍卖几千万，他根本就不管。”

“语言或色彩，诗与画虽各有千秋，技艺的范畴也各不相同，但伟大的作品在空间上都具有民族性，在时间上都具有时代性。”这一句可以说是道出了吴冠中先生一生的追求。

吴冠中先生反思在巴黎的留学时代时说：“艺术之诞生当缘于求知音。隔膜的双方都是对方的新大陆。我自己听懂了异邦的语言，我的父老乡亲却不懂他们儿女的语言，这将是怎样的国度和社会啊！这便是我下决心回到祖国走油画民族化和中国画现代化之路的初衷。”他历经坎坷，一辈子就做这件事。他的坚持，他的创新，最终成就了一代大师。

做人、做事，大抵都该如吴冠中先生这样的。

趋于野性则美

许是因为教了综合实践活动的缘故，感觉亨利·戴维·梭罗自身就是一部综合实践活动课程，他是哈佛的高才生，文理兼修，能从事多种职业，但却什么职业也不追求，唯独追求美。我们的《课程指导纲要》中提出要引导学生关注自然，要从与大自然的接触中寻找具有教育意义的活动主题。而且，近几年来我们特别提倡对马克思主义自然观、生态观的继承和创新，提出中国式现代化的基本特征是人与自然和谐共生的现代化。中国传统的“天人合一”思想以及儒家的以仁爱之心对待天下万物的主张，就是人与自然和谐共生的朴素思想的反映。

大自然，是一本百科全书；大自然，是一所综合性大学。跟随梭罗，走进大自然，去感受不一样的美。

梭罗——《瓦尔登湖》的作者，19世纪美国最具世界影响力的作家、哲学家，对工业文明侵蚀人性心怀忧虑，他认为人类只有过简单淳朴的生活，才能享受到内心的轻松和愉悦。为此，他进入大自然进行探索，同时四处远游，以寻求生命之美和自然之光。在梭罗笔下，自然、人以及超验主义、理想交融汇合，浑然一体。梭罗因《瓦尔登湖》蜚声全球，但很少人知道，《远行》是比《瓦尔登湖》更能代表梭罗文章与思想的精粹。

爱默生评价梭罗：他的灵魂属于最高贵的人群，他的生命虽短暂，却已然倾己之长、尽己之力。茫茫尘世，哪里有知识，哪里有美德，哪里有美，哪里便是梭罗的家园。要想心灵澄澈，就必须学梭罗，以知识、美德、美为自己的精神家园。

梭罗毕业于哈佛，对传统文学离经叛道，是天生的异类，不会重复已经做过的事情，不会为了某项狭隘的技艺或职业而放弃自己在学问上和行动上的抱负，他既吃苦耐劳又清心寡欲，精于木工又擅长算术，他能在世界上的任何地方谋生。他只需投入较少的时间就能满足生活所需，因此，他可以保有充分的闲暇时间尽情地做自己想做的事情。他体格健壮，思维敏捷，有丰富的常识，他活在当下，异常勤奋，但他仿佛又是镇上唯一一个闲人，时刻准备着去任何一个他认为值得一去的地方远足。他倾其一生的热情和天赋都给了故乡的田野和山河，他说，“如果你不觉得脚下这方沃土比这个世界上任何地方的泥土更芬芳，那么你就不值得有所期待”。他把精神之美看得重如泰山。

梭罗对大自然的热爱和激情，是最打动人心的地方，他从大自然中悟出了许多哲理。他认为“生活与野性相符，最富生机的往往是最狂野的。野性不会压制人，而会使人的精神大振。一个不断奋力前进、从未有过片刻休憩的人，会快速地成长，并无休止地向生活索求。那么他可能会不时地发现自己身处一片新的荒郊野地，周身被生活的原材料包围着，而他自己正在原始林木的茎上匍匐爬着”。

大自然不仅呈现最朴实的语言，而且毫不掩饰其博大而深广的胸襟。但真正能读懂大自然这本书的人少之又少。不妨看看梭罗怎么说：“我们总能根据人类的言行判断出危机即将来临，可是危难关头，大自然却总是那般沉默无言，从不虚张声势。而今，我们又回到了散漫的平原生活中，那么，就让我们努力把这些山峦的雄伟壮丽引入到生活中吧！我们将记住我们躺在什么围墙里面，也将懂得这种平实的生活也有其巅峰，并且知道，为什么从山顶俯视山谷最深处时，会看到一抹淡蓝的色调。我们还会明白，每个时刻都有一定的高度，因为没有哪一部分的大地低到难以看见天空，而我们要做的就是伫立在自己时刻的顶峰，去远望连绵不绝的地平线。”“在最寒冷最荒凉的地方，总有一种精神之花悄然绽放。在冰冷刺骨的寒风的扫荡下，乌烟瘴气早已无处遁形，但凡坚守得住的，内心必定丰盈。因此，那些寒冷荒芜之地（如高山之巅），举目所及，皆可赞叹，因为凡入眼者，必然坚定淳朴，拥有着清教徒式的坚韧。同样，在万物皆求庇护之际，尚能傲雪凌霜者，定是钟天地灵气造化而成，神勇无敌，如天神下凡。”“一片绿叶成就不了整个夏天，而一片落叶也不是秋天的全部。”

梭罗在行文中总会不经意间就让你明白大自然的性灵美与人的性灵美是相辅相成的。他告诉你，比起阳光来，月光与我们的知识更协调。因为“夜晚的月光同我们的思维一样深邃，和我们顿悟的时刻一样明亮”。正如爱默生所言，梭罗是真理的传播者和践行者。他在大自然的野性里找寻人性最本真的东西。本·琼森宣称：“趋于善则美！”梭罗却呼喊：“趋于野性则美！”因此，他说：“外面越荒凉，我的情绪就越高昂。赐予我海洋、沙漠或是荒野吧！”他认为人只有进入荒野，才能提升道德，回到纯粹的“人”上来。“拯救一个城市，不仅要靠生活在这座城市里的正义的居民，还要靠围绕着它的树和沼泽。”大自然，才能拯救人。

梭罗热爱着他的家乡康科德镇，他对康科德土地上的一切了如指掌，那些农场主们甚至都觉得梭罗比他们自己更有权利拥有他们的土地。他走入这里的旷野，就像鸟兽回到巢穴一样，它们带给他的，是激情、自由和欢愉。梭罗的笔下，写到了不同季节的各种动物、植物在阳光下、月光下、溪流中、沼泽地中和谐生长的样貌。他告诉你，阳光不是照耀着它们，而是尾随着它们，动植物与环境，存在着某种“共鸣”。这种“共鸣”，恰是我们缺少的。人类与环境，是否能和谐到存在“共鸣”呢？对于人类与自然的关系，用梭罗的话来说，就是：“人类是自然的居民，或者说是自然不可或缺的一部分，而非社会的一员。”

梭罗笔下写了很多植物，其中，特别喜欢梭罗写到的“野苹果”。他把苹果写得异常尊贵，且充满智慧。野苹果树在恶劣的环境下生存，长出了刺来保护自己，将枝叶坚实繁茂地抱成一团，围成一座城池，抵御牛的侵袭，而中间的枝干才开始放心地长出嫩芽，兴高采烈地奋力上蹿，“因为它没有忘记自己崇高的使命，耀武扬威地结出自己独特的果实”。在这样的文字下，你看到的，绝不是一个简单的苹果，也绝不是一棵普通的苹果树。更经典的是，梭罗由此总结道：“只有最顽强、最健壮的果树才能保护自己取得胜利，最终向上发出柔嫩的幼枝，将最好的果子撒向薄情寡恩的大地。正因如此，诗人、哲学家以及政治家才能从乡间的草地上涌现出来，拥有着比那些外来的主人更旺盛的生命力。”自然、人生、命运等主题经常就这么交融在一起。

我们脱离自然太久，逐渐被各种名利或者各种责任缠绕着，内心愈来愈浮躁，压力愈来愈大，烦恼愈来愈多，心情愈来愈沉重，随着时日的增加，我们往往就忘记了我们最初的需求。内心尚未完全沉入世俗中的人，会不时地提醒自己不忘初心，但很多人的心已经完全被世俗之事务包裹，连提醒自己的能力也没有了，这是人世间最悲哀的。浮华掩盖下的是，人性的缺失、冷漠和空虚，对名利的极度需求、对权钱的高度欲望等不一而足。

当你一旦知道梭罗，知道了梭罗的《远行》，我想，那迷失的心就有救了。《远行》带给你的，不单单是一个温馨的港湾，更能给你指引一个正确的航向。梭罗告诉我们，“总有一天，太阳会焕发出前所未有的璀璨光芒，那光芒也许会照进我们的头脑和心灵，并用一种觉醒之光点亮我们的整个人生，它温暖、安详、金光熠熠，一如秋日岸边的夕照”。

第二辑

教师：阅读者、思考者、讲述者、探索者

教师读书会：促进教师专业成长的有效形式

1902年，被称为“读书会之父”的奥尔森（Oscar Olsson）在瑞典的兰德（Lund）创立了第一个读书会，这是一个朋友式的小圈子，其成员因为有共同的兴趣而聚在一起，讨论一定的问题或话题。随着学习型社会的到来，读书会更是种类繁多。教师读书会便是其中的一种。

一、成立教师读书会的必要性

1. 教师个体专业发展意识的觉醒是教师读书会能够建立起来的保证

不知道教师读书会最早是怎么成立的，由谁成立的。但若追溯教师读书的必要性，应该可以追溯到孔孟时代。明确提倡教师读书的就是人民教育家陶行知先生了，陶先生在多处演讲时提到“教师须一面教一面学”“教师的一半是学生”“只有学而不厌，才能诲人不倦”等。陶行知先生在新中国成立之初几经沉浮，至20世纪80年代开始逐年升温的“陶研热”，才唤醒了教师专业成长的热望，教师的专业成长逐步从被动转向主动，越来越多的教师逐步走上自觉寻求专业成长途径的成长之路。教师个体专业发展意识的觉醒预示着培养具有自主选择、自主反思、自主建构、可持续发展的自主成长型教师成为可能。这部分教师最终会成为读书会的核心成员，成为带动更多教师融入读书群体的中坚力量。

2. 新时期的教师职业使命使教师读书会的成立变得更为迫切

《国家中长期教育改革和发展规划纲要（2010—2020年）》（2010年6月21日，中共中央政治局审议通过）提出，教师“要严谨笃学、与时俱进。教师在教育创新中承担着重要的使命，教师富有创新精神，才能培养出创新人才。教师应该具备求真务实、勇于创新、严谨自律的治学态度和学术精神，努力发扬优良的学术风气和学术道德。教师是知识的重要传播者和创造者，连接着文明和进步的历史、现在和未来，更应该与时俱进，不断用新的知识充实自己，成为热爱学习、学会学习和终身学习的楷模”。

党的十八大明确提出要努力办好人民满意的教育，提出到2020年全民受教育程度和创新人才培养水平得到了明显提高，进入了人才强国和人力资源强国行列，教育现代化基本实现。明确指出教育是民族振兴和社会进步的基石，要坚持教育优先发展，全面贯彻党的教育方针，坚持教育为社会主义现代化建设服务、为人民服务，把立德树人作为教育的根本任务，培养德智体美全面发展的社会主义建设者和接班人，为全面落实教育规划纲要、推动教育改革进一步发展指明了方向，提出了具体的任务。

因此，广大师生员工要更加自觉地坚持以科学发展观为指导，以更加昂扬向上的精神状态，努力把教育规划纲要绘制的宏伟蓝图落到实处，坚定不移地沿着中国特色社会主义教育发展道路奋勇前进。

3. 知识的默会性特点促使教师必须尽快建立起自己的专业成长共同体

默会性知识又称隐性知识，是相对于显性知识而言的。这个概念最早是由英国哲学家波兰尼于1958年在其《人的研究》一书中提出的。主观主义教育哲学基础也更强调了知识的建构性、社会性、情境性、复杂性和默会性。显性知识可以通过各种培训课程传递给教师，但默会性知识只能通过学习共同体，实现知识共享，促进专业成长。现阶段各种继续教育模式效率不高的一个重要原因是，它只传递了显性知识，而教师专业成长中很大一部分知识是隐性知识，具有默会性特点。基于共同体的教师专业发展更强调合作、对话、交往、互动，“在共同体中，教师通过参与合作性的实践来滋养自己的知识和智能”。

4. 读书会的特征决定了教师读书会一定会成为促进教师专业成长的出色平台

奥尔森认为，读书会最重要的特征就是它们是建立在材料阅读的基础上，以交流和讨论为方法，并且其运作不需要有人充当权威的教师。

美国学者安德鲁斯（C. Andrews）曾借用林肯的名言来定义读书会：“读书会是一种建立在民主、参与、和平等基础上的民治、民享、民有（by the people，for the people and of the people）的教育形式，它是一种允许人们自我教育，将自己从制度化教育的规则制度中解放出来，自由地表达和发现他们自己的真理的教育方式。”

读书会是一个平台，可以交高朋、寻益友、慕贤师；可以表见解、汲菁华、去无知。张文质老师说：“阅读就是获得人类旧有的经验、思想的援助，就是在困难中重拾勇气”，“阅读也是一种探索自我的方式。”好学是会传染的，陶行知先生说。如果教师们能以集体的力量鼓励彼此进修，就能在全国蔚然成风。各地教师自动学习起来，学习再学习，其结果是不但能造就好学的教师，好学的学生，而且将造就一个好学的民族。可见成立教师读书会的重大意义。孙绍振教授在福州“1+1”教师读书俱乐部成立六周年时说：“读书是极其个人的事情。读书俱乐部是极其次要的事情。”他所持的就是主观主义的教育哲学基础，“强调人能够按照自己的自由意志独立自主地做出决定并付诸行动”，读书是靠自觉的，没有每个教师自觉自动的读书，读书俱乐部就形同虚设。

二、教师读书会健康成长必须注意的问题

1. 建立共同愿景，营造良好氛围是教师读书会构建的必要举措

建立共同愿景，营造良好氛围是共同体构建的必要举措，同时在培育共同体向心力、健全其知识共享机制的基础上，开展非正式学习、引导教师撰写教育叙事、提倡教学反思等一系列支持策略，可以让教师专业共同体更加健康地成长。

福州“1+1”读书俱乐部不仅能坚持办下来，而且能将其影响遍及全国，很重要的原因是他们对“读书”有一个共同的认同，即读书改变你精神世界的分子结构。张文质老师为这个俱乐部确定了若干阅读理念：读书仍然是“为己之学”，也正是“为己”，阅读会帮助我们获知教育的复杂与艰难，获知生命的精微与丰富；阅读使我们更乐于肯定自己的生活，肯定自己静思冥想的意义；阅读也可以使我们的人生变得既清澈又扑朔迷离，我们在阅读中所产生的幻觉、孤独，在很多时候有助于你澄清对生命的迷误，它还能帮助你获得对俭朴生活的肯定；孤独中的读和写，是一条细小的溪流，它不会有壮观的声势，

却也不坏，它是一种我们比较习惯的俗套中的自我坚持，是一次又一次关于“意义”的低声问讯。这些理念培育了这个共同体的向心力，增强了它的凝聚力。

2. 明确角色分工，确定研讨论题是教师读书会顺利运行的基本保证

在教师读书会中存在三种最基本的角色分工：分享人、导读人和主持人。

读书会的导读人可以由成员轮流担任，主要负责介绍材料、激发与会者的讨论、适时进行总结和反馈等。主持人在教师读书会中占有举足轻重的地位，在读书会活动中扮演着“平等中的首席”的角色。根据布利德的观点，教师读书会的主持人主要担负两项职能：一是统筹读书会的运作，二是为成员的聚会创设一个良好的交往氛围。

教师读书会“不是聚在一起读书，而是各自读书，读完了之后聚在一起讨论”，张文质老师说，每一次讨论主持人都必须确定论题，例如，1+1读书俱乐部成员读了钱理群的《我的精神自传》之后，开展主题为“寻找每一个人的精神发展之路”的月谈会；读完《卡尔·威特的教育》后，开展主题为“今天我们需要怎样的家庭教育”的读后感交流；读完罗杰斯的《个人形成论：我的心理治疗观》，讨论“罗杰斯理论在教育教学工作中的运用思考”；等等。结合共读文本，围绕共同的议题开展讨论，能使教师的阅读引向深入，使教师读书会保持一个较高的水准。

3. 多元解读、批判阅读是教师读书会应该提倡并秉持的思维品质

“尽信书，则不如无书”，高中的课程标准也提出要让学生“养成独立思考、质疑探究的习惯，发展思维的严密性、深刻性和批判性”，我们教师阅读就更应该具备批判性思维。孙绍振教授把读书分成三种姿态：第一种是跪着读，缺乏思考；第二种是坐着读，有钻研进去；第三种是站着读，俯视权威，这才是批判性阅读的姿态。孙教授曾在读书会上调侃道：“读书一定要提高警惕。马克思主义理论都要加以批判，更不要说孙绍振、张文质之流了。”我们建立教师读书会，就是为了使每位教师成为有人文情怀、有教育理想、有人生思辨的学者型教师，如果不能做到“站着读”，就很难真正达成我们的目标。当然，要能够站起来，首先必须能坐下来。

美国批判性思维运动的开拓者恩尼斯认为批判性思维是“为决定相信什

么或做什么而进行的合理的、反省的思维”。带着批判的眼光去思考就是“认真并有意识地去决定我们是否应该接受、排斥，或暂缓接受有关某一主张的判断，以及我们在接受或排斥这种判断时所持有的信心的大小”。批判性的思维品质也有助于教师对自身的反思和重塑，通过不断反思、不断探究、不断进取，自己成为具有可持续发展素质，良好的职业弹性，主动适应社会发展需要的学习型教师。

参考文献

[1] 周成海. 美国中小学的教师读书会：构成要素与运作过程 [J]. 外国中小学教育，2013（7）.

读书是教师最重要的一种生活方式

优秀的教师应该是浑身散发着书香味的教师，举手投足中便流露出笔墨韵味。苏霍姆林斯基说得好，教师“读书不是为了应付明天的课，而是出自内心的需要和对知识的渴求”。

一、教师读书的理由

1. 读是需要

苏霍姆林斯基《给教师的建议》第79条“教育和自我教育”中说道：“青少年精神空虚的原因之一，就是缺乏真正的阅读。这种阅读应当占据人的整个理智和心灵，迫使他去深入思考周围世界和自己本身，迫使他去仔细观察和了解人的灵魂的复杂性，迫使他去考虑自己的命运和前途。”很多教师感到教学缺乏激情，感到迷茫，感到倦怠，这和学生所感受到的无聊空虚是一样的，究其本源就是因为缺乏真正的阅读。教师只读一些备课所需要的书，上完课了，放假了，不用再上课的时候，他的读书就停止了。他始终都没有进入一种真正的阅读状态。

朱永新教授说：“一个人的精神发育史就是一个人的阅读史，而一个民族的精神境界，在很大程度上取决于全民族的阅读水平。”当一个教师的阅读史是从学生时代看教科书到教师时代看教学参考书，那么，这个教师的精神发育会健全吗？若一个教师如此尚不足为奇，但若整个教师群体都不读书或者都没空读书，那么，这对一个民族的影响究竟有多大？我们教育机构应该每年都要推出家长、教师和学生的阅读书目，甚至还要推出家庭必备藏书书目和经典推荐藏书书目。每个社区要有读书角，每个社区要有阅览室。这需要教师来推动，教育部门来推动，政府来推动。陶继新说，“如果不读书，就没有精神寄托，就不能给自己的精神定位，不能给自己的灵魂定位”。一个精神空虚者，往往是不读书的。读书是我们日常所需，是我们精神成长所需。所以，我们要明确读书是我们自身成长的需要，应该养成习惯，并最终走向审美的境界。

2. 读很紧迫

“没有什么，比读书更为紧迫的事情了。”之所以会这么说，那是因为很多社会观察家注意到我们的教育出了问题，教师的阅读水平下降了，学生的阅读水平下降了，整个民族的阅读水平下降了，民国的语文书热销起来，现行的教科书遭到了质疑，应试之风盛行，教师没时间阅读，学生没时间阅读，放眼教育，只看到茫茫无际的题海。而题海里，也罕见劈波斩浪、遨游弄潮的勇士，多是为一举成名搏击高考的死士。无怪乎《名作欣赏》刊首沉重地写下：“一个不读书的社会，是可怕的。一个读书人不读书的社会，是恐怖的。”

作为教师，我们要义不容辞先自我培养成爱好读书的习惯，才能带领着一群孩子走上爱读书的道路，走上与经典为伍的队伍。倘若教师都不读书了，那么，我们的教育就很难想象了。

3. 读能促写

“读与写是老师生命成长的双翼。从形式逻辑的角度来说，读和写是一个充分必要条件，即‘有之则必然，无之则必不然’。”（陶继新）笛卡儿说：“我思故我在”，我们可以将其扩展一下，为“我读故我思，我思故我写，我写故我在”，“写”能使“思”更加缜密、更加深刻。读书能促进我们思考，思考便促进我们写作，写作又反过来推动我们阅读。只有在写的过程中，我们会很快发现自己读的不足，于是，阅读便在这样的写作中走向深入。

4. 读能促教

“一个不读书的教师，穷其终身，也只能是一个教书匠，而有着一定文化积淀的教师，教学时间未必太久，年龄也不一定多大，却能够脱颖而出。”（朱永新）俗话说，“腹有诗书气自华”。读书是最好的美容方式。它内修心灵，外塑气质，能增添人的魅力。“一些优秀教师的教育技巧的提高，正是由于他们持之以恒地读书，不断地补充他们的知识的大海。的确如此，南京特级教师曹勇军、南通特级教师凌宗伟、著有《不拘一格教语文》的史金霞等，非常多优秀的一线教师，没有不热爱读书的。”如果教师确实能将读书变成最重要的一种生活方式，就一定能影响学生，推动学生的阅读。

二、教师读书的注意事项

1. 取法乎上

为什么要“取法乎上”？一是因为生命有限而书籍无限，有限的生命不能被低效阅读、浅层阅读耗去了，你需要选取优秀期刊、经典文献；二是因为生命需要厚度、深度，你必须选择承载厚重的人类文化的书来阅读，这类书更能激发你的思考，增加你的精神生命和文化生命的质感。推荐教师阅读一些哲学、文学、史学、教育学、心理学、学习学等方面的著作，如《民主主义与教育》《被压迫者的教育学》《什么是教育》《教学的意蕴所在》《美的历程》《积极心理学》《四十堂哲学公开课》《全球通史》《古拉格：一部历史》《乌合之众：大众心理研究》《斯滕伯格教育心理学》《人是如何学习的》，等等。

2. 读需谦逊

书读得越多，应该越懂得谦逊、谦卑，而不是盲目自大，自以为真理在握。杜威说：“读书读得太多，反而会造成一些自以为是的无知之徒。”就是针对一些浅薄之徒说的。人需要有一种反身性和能动性，能够考察自己、追究自己。“生有涯，而知无涯”，人的有限性是不可能穷尽智慧的。明确这一点，我们才能永远谦虚并又不知足，努力去追求，让整个人生过得快乐、充实而有意义。

3. 书友一二

“独学而无友，则孤陋而寡闻。”读书也需要一个群体。我们要加入一些读书共同体中去，无论是网络上的还是网络下的，并且，最好参加多个读书群体，那么，每个群体所推荐的书籍，你都能够看到。因为，靠我们一个人的力量，往往所知甚窄，且时间精力能力均有限，自己很难为自己挑选好书。我们常说，一个人能走多远，关键看他与谁同行。要成为一个优秀的教师，我们需要与名师同行、与大师同行、与热爱读书的书友同行，这样，我们才能且行且吟。有书友一二共同研读，也更能将阅读进行到底。

三、我自豪，我是读书人

有感于读书的乐趣，曾作诗一首：

书香一袭

书香是一幅山水画
墨意甚浓境界甚远
书香如一曲悠扬笛音
蛊惑苍生饥渴的心灵

千年的文字很鬼魅
带着厚重的思想与你谋面
历史的车轮轧出知识的曲线
牵引你走上无尽的旅程

浸润生命的文字像一轮太阳
暖暖的光芒烘烤着潮湿的心
古今学者的如椽大笔
建构一个迷人的世界

精神的花圃书香满园
枕着满地文化的碎片
喝着千年酿制的墨汁
醉卧花底
不思归

读书是一件愉悦身心的事情，所以我们常说“悦读”。读书的乐趣，在书里；读书的收获，在心里。要想真正去感受它，就必须走进它。投身于书的海洋，才能品味书的魅力。愿所有人，都爱读书，都能让阅读成为习惯。而更希望所有教师，都率先垂范，让读书成为最重要的一种生活方式。

教师：阅读者、思考者、讲述者、探索者

——读《回到每一个人的生命化教育》

世间很多问题，就怕“用心”二字。你一用心，很多问题都举手投降。教育，更是需要用心的一件事。你一用心，教育就像被灌了蜜一样，哪怕你还没品尝到，你就会远远地被它蜜一样的芬芳吸引。《回到每一个人的生命化教育》这本书，就是一个群体以他们的用心酿造的蜜。你只消走近它，你就能走进它，并被它的光泽沐浴着、被它的灵魂洗涤着、被它的精神激荡着。

《回到每一个人的生命化教育》是张文质老师在通州二甲中学教育行动的实录。非常质朴本真的生命行动，就在那一次次的对话之中体现出来。这里有与教师的对话、与班主任的对话、与管理者的对话、与家长的对话、与学生的对话。每一场对话，都是一种心灵的碰撞、一种智慧的阐发、一种生命的体悟。

我以前只看过张文质老师的书，没亲耳听见、亲眼看到他演讲的情形。但通州的那次学习，我的生命就在会议现场了，我发现张文质老师思维的跳跃性、随意性、深刻性，很奇妙地聚集在他圆圆的脑袋里。我让张文质老师给题个词，他想了想，写上：教育的最高境界在于培植对生命的敏感。这样理解教育的人，让你没有理由不读他写的书。

一、教师要成为阅读者和思考者

《回到每一个人的生命化教育》一书针对教师成长的对话是比较多的，在全书12个专题中占了5个。细读这5个专题，我们能从中收获的，不仅仅是教师的专业成长，更有我们的生命成长。

一下子把我吸引过去的，是第九个专题“让我们成为阅读者与思考者——与二甲中学‘张文质之友读书会’成员的对话实录”，其中，我又特别欣赏这么一句话“用最初的心做永远的事”。此句类似于纳兰性德的“人生若只如初见”。教育需要激情，“用最初的心”来做教育，才能永远充满激情。

阅读是一个使人精神丰盈、灵魂温润的美丽方式。无论你从事何种职业，只要爱上阅读，你就踏上了心灵不老的圣地。而教师，是需要以其丰盈的生命来润泽其他生命的人，是要带领着一群不完美的人去追求幸福、追求完美的人，因而，教师是更需要阅读的一个群体。阅读，对于教师，应该成为像呼吸一样自然的事。

张文质老师说：“多读一本书，就会增加生命的强度。所谓‘生命的强度’就是你多了一种思考世界的方式。”（《回到每一个人的生命化教育》，第201页）当我们能够这样理解阅读的意义时，我们就能够让学生也真正理解阅读的意义。我们现行的教育体制，让很多师生陷入了片面追求卷面分数的危险区域里去，从而造就了很多心灵的荒漠。我们需要不断阅读、不断思考，争取掌握更多的思考世界的方式，以我们的睿智和我们的丰富，为学生营造一种更为幸福的学习氛围，为学生打造更为健康的学习环境。

我也确信，“对于一个教师，应该成为一个有智慧的人，应该成为一个别人可以从你身上获得、可以分享很多快乐的人，教师应该是一个比较丰富的人”（《回到每一个人的生命化教育》，第202页）。很难想象一个单薄的、荒芜的灵魂，怎么孕育教育的激情？怎么肩负教育的使命？当教师缺乏生命的幸福感时，他如何带领孩子们去追寻幸福的生活？“回到每一个人的生命化教育”，这里的“每一个人”，包含所有师生，甚至家长。我们的教育，要让每一个与教育相关的人，都能够感受到教育永远是一个幸福的所在。

二、教师要成为一名讲述者

托马斯·弗里德曼的《世界是平的》在“如何避免平坦化的冲击”一章中提到“复合型人才越多，我们越需要管理者、作家、教师、电影制作人、记者和编辑，他们都是很好的讲述者，能够把复杂的事情用简单的语言表述出来”（《世界是平的》，2010年2月第2版，第227页），书中还以一位企业设计师和一位摄影师的事例来说明具有较强交往能力，善于与人打交道的人才更有价值，把某些东西解释给别人听比专注于自己的工作更为重要，强调要学会成为讲述者。而作为教师，我们真的是一名优秀的讲述者吗？倘若不是，那么，我们又该如何成为优秀的讲述者？

我阅读《世界是平的》所产生的这个问题，竟然在张文质老师的《回到每一个人的生命化教育》中找到了详细的答案。张文质老师围绕“教师要成为一名讲述者”给二甲中学的教师做了一次专题讲座，讲座从“教师作为讲述者的工作职责是什么”“教师作为讲述者要怎么讲述”“教师作为讲述者应具备什么样的理念”“教师作为讲述者的追求是什么”四个方面进行了深入的阐述。张文质老师思维的多层面、多角度，我辈只能仰视。

张文质老师把“教师作为讲述者的工作职责”概括为六个方面：能否把复杂的问题讲简单；能否把深奥的问题讲平易；能否把枯燥的问题讲生动；能否把新颖的问题讲透彻；能否把简单的问题讲得有智慧；能否把繁杂的问题讲得有规律。这六个层面的问题一经他提出，便触发我们反思。作为教师，我们是不是能做到这点？他说“这一切都与我们的表达习惯，或者说跟我们表达的用心有非常大的关系”。

而“教师作为讲述者要怎么讲述”，张文质老师对此提出三个具体要求：表达准确；易于理解；语言要有新鲜感，不贫乏。在这部分，张文质老师还是提到了教师的自觉追求，他说，“正是因为我们平时对自己表达的自觉追求不到位，所以要做到这种富有变化、丰富多样、典雅而生动，非常难！”

那么，“教师作为讲述者应具备什么样的理念”呢？张文质老师说“作为一个讲述者，最基本的价值判断就是你的言语需要有几个特征，你的语言要充满善意，充满鼓动性，能够给予具体的帮助，这其中也可以说‘善’是一个价值判断”（《回到每一个人的生命化教育》，第229页）。

张老师再三强调，“讲述者是我们的职业身份”，“讲述者是我们的境界”。在这个越来越开放的时代，“对言语的自觉要成为我们的追求”。我们要思考“怎样才能拥有更富有打动人心的力量，具有一种感染力，具有某种把人‘抓住’的那个境界、那个课堂的吸引力”，我们要“课堂语言这种自觉的提升，让我们说的每一句话能够说得越来越完整、越来越丰富、越来越独特”。

三、教师要成为有智慧的、生命化的探索者

“应试教育背景下更需要我们有智慧的、生命化的探索”，“教师要有意识地寻找自己的教育之路”，“必须在一种妥协中寻找精神的回归”，“专注于职业和生命应该是我们的毕生追求”。这是《回到每一个人的生命化教育》一书的前三个专题所阐述的部分观点。

下面，我再罗列一些精彩的观点：

“教师在基础教育领域，他所研究的不是知识的精深，而是视野的广博，它应该是一种人性的厚度，包括理解力的宽阔，这应该是基础教育教师的一种重要的品格。……基础教育最核心的是境界问题，它不是一个功利的目标，不是培养出多少学生、造就多高的升学率，更核心的问题是，你能不能更全面地、更充分地关注到每一个人、每一个人的成长、每一个个体的生命。”（《回到每一个人的生命化教育》，第21页）

好教师的三条标准：好教师应该把自己的孩子教育成功；好教师看上去应该比实际年龄要年轻5岁；好教师看上去就应该像个教师。“真正影响一个人心灵成长、影响一个人一生的，是教师的职业精神、教师的学识，包括教师的生活方式。”（《回到每一个人的生命化教育》，第23—25页）

“一所健康的学校、一种健康的文化、一个健康的团队，包括健康的生活方式，对每一个人来说都极其重要，因为你身边的每一个人都构成了对你产生直接影响的生命气息。保持张力也就是保持我们对复杂生活的理解力，包括对复杂生活的积极的生命状态。”（《回到每一个人的生命化教育》，第30页）

“学校要有写在墙上的文化，但我觉得更核心的文化不是写在墙上，而是生命形态的文化，就是每一个教师所表现出来的生命姿态。……教师最重要的影响是一种生命的影响。……一所学校与众不同，不同在哪里？不同在于对生命的理解，不同在于文化熏陶的细致，尤其是可感，通过一个个具体的生命让你感受得到。”（《回到每一个人的生命化教育》，第32页）

“生命化教育最终要回到个人上来建构生命的意义，没有个人就没有教育美好的景观，没有个人就没有一个学校美好的景象，回到个人也就回到更多的可能。”（《回到每一个人的生命化教育》，第36页）

“我们谈生命化教育，也可以归纳出以下几个要素：对个体生命的尊重，实现个体的价值，用更人性、更人道的方式成全他。另一方面，它又是生命与生命之间的关联、互动、对话、分享，生命化教育是人与人、生命与生命、理想与理想之间的碰撞交汇，然后去启迪更好的教育。”（《回到每一个人的生命化教育》，第42页）

“教育最重要的是做三个方面的工作：一是授受知识，既传授又接受、既传播又接纳、既输出又回馈；二是开启智慧，智慧是不可以教的，但有智慧的人可以给别人智慧的体验，这种智慧的启迪很重要；三是点化润泽生命，生命的本然或应然状态，如果点睛一下，他的生命状态就截然不同了，用文化来点醒他，他的生命就会灵动。……生命化教育一定会关注教师的专业成长，关注教师自身素养的提高，包括道德人格境界的提高。”（《回到每一个人的生命化教育》，第44页）

“教师有两种使命，一是启迪，二是被启迪。这就需要做一个读书人，做一个学习者。生命化教育中，教师学养的提高很重要，学校应该是一个学习的社区、学习化的组织，应该有学习的氛围、交流的氛围。……好教师总是更容易获得学生的尊重，更容易赢得学生的赞美，也更容易因为他的成功而使学生热爱他的学科，乐意走他所引领的道路。作为专业成长，实际包括三个方面，他所任教的学科、他所教学科的相关学科和更为广阔的思想空间。”（《回到每一个人的生命化教育》，第44—45页）

这些观点都是特别能让我产生共鸣，并特别能引发我思考的部分。从教十多年来，我一直以“用心行走”为座右铭，我总是努力让每一个学生都能够读懂我对他们的关爱，不断寻找学习的机会，积极为自己的专业成长寻找出路。我相信，我之前所走的路就是生命化教育之路，但《回到每一个人的生命化教育》让我更加坚定了追逐自己教育之梦的步伐，让我更加自信，我一定能将生命化教育之路走得更好。

基于教育转型期的校本教研制度建设

当前，我国正处在经济社会文化乃至教育等各方面发生深刻转型的历史时期。而在基础教育方面，2011年上海市基础教育工作会议提出了基础教育五大转型目标：“在教育价值取向上，要从过度追求现实功利，转向促进学生全面发展；在教育质量评价上，要从过度注重学科知识成绩，转向全面而多样的综合评价；在学生培养模式上，要从标准化、同质化教育，转向注重需求导向的个性化培养；在教师专业发展上，要从强调掌握学科知识和教学技能，转向注重专业素养和教育境界；在教育管理方式上，要从单纯依靠行政命令，转向更加强调思想和专业引领。”我们要在国家和龙岩市《中长期教育改革和发展规划纲要（2010—2020）》文件精神的指引下，在新的历史起点上，进一步加强学校校本教研制度建设，促进学校内涵发展，为提高学校教育教学质量，促进教育改革深入发展发挥更大的作用。

一、对校本教研制度的理解

（一）校本教研制度的内涵

“校本”（school-base）是校本研修的上位概念，也是21世纪学校教育改革与发展的全新的教育理念。从英文来看，大意为“以学校为本”“以学校为基础”。目前主要采用华东师大郑金洲教授的观点，从三个方面去理解它的含义：一切为了学校，一切在学校中，一切基于学校。这一观点是对马卡连柯“在集体中、通过集体和为了集体”的教育思想的演绎。

余文森教授认为，校本研究是以学校为研究的基地，以教师为研究的主体，以教师在教育教学实践中遇到的问题为研究对象的研究。它既是学校的一种研究制度，也是教师的一种研究方式。校本研究的目的在于让教师通过积极有效的开展教学研究活动，提高课程实施和教学实践的质量，同时实现教师的专业成长。校本研究既是实践新课程的需要，也是新课程顺利开展的制度保障，更是实现教师专业化成长和构筑学习型学校的有效途径。

综上，我们可以明确表明："校本教研制度"是以校为本的教学研究制度的简称，是学校以新课程理念为导向，以制度的方式规范教师的校本教研行为，建立一种自下而上与自上而下相结合的教学研究运行机制，以促进教师的专业化成长的一种教研管理模式。

（二）校本教研制度的指导思想

贯彻落实国家和龙岩市《中长期教育改革和发展规划纲要（2010—2020）》文件精神，以新课程理念为导向，围绕"基础教育五大转型目标"改进和加强教科研工作。立足学校，建立以解决学校在课程实施中所面临的各种具体问题为对象，以教师为研究的主体，研究和解决教学实际问题，总结和提升教学经验，形成民主、高效的教研机制，把学校建成学习型组织，更加注重促进学生全面发展和需求导向的个性化培养，注重提升教师专业素养和教育境界，加强思想和专业引领，促进学校内涵发展，深化教育改革。

二、校本教研制度的建设

（一）校本教研软环境建设

1. 注重教师专业发展个性化的建设

教师专业发展是一个终身学习的过程，既包括教师入职前培养阶段的专业发展基础，也包括教师入职阶段有针对性的专业训练，还包括熟练型发展阶段的专业提升学习，同样也包括专家型发展阶段的理论提升。离开了教育和训练，教师就会失去终身学习的基础。根据学校工作的需要，有计划、有层次地安排教师参加有关学科及有关部门的不同层次的专业学习与研讨活动，参加者必须做好笔记，向有关教研组传达精神，并写一篇报道交给办公室，写一篇体会交给教研室汇编。学校每年为每一位专业教师订一份专业杂志。

从"需求导向"出发，引导和满足教师多样化专业发展的要求，探索"轻负担、高质量、可持续"的"生长型"专业发展新道路，通过个性化的专业引领，帮助每一位教师自主建构并实现“实践者—行动研究者—专业领导者”的角色转型。这是我们今后必须重点做好的工作。

师徒结对是校本培训的一个重要而有效的方式。让老教师传、帮、带、指导青年教师备课，加大实施过程的管理力度。组织开展校内各类教学竞赛活动，缩短青年教师成熟周期，努力实现青年教师“三年基本成熟，五年成为骨干”的目标，每年进行“青年教师成才奖”的评选。

2. 注重学校“软实力”课程领导力的建设

上海市教委巡视员尹后庆提出：“提升课程领导力是深化课程改革的需要、是学校内涵发展的需要、是提升课程建设者和实施者专业发展的需要。”“学校是课程实施的基本单位，课程领导力的强弱决定着学校是否能够规范化、高质量、有特色地持续发展。”“如果我们把课程作为学生学习生活的全部，那么提升课程领导力就是所有教育者的责任。”

我校依托特色课程建设项目，构建课程框架，在多年的校本课程建设的基础上完善课程体系建设，加强课程管理，鼓励教师参加教育部基础教育课程研究华东师范大学中心、华东师范大学课程与教学研究所、上海真爱梦想公益基金会联合主办的“全国校本课程设计大赛”，组织教师参加龙岩市教育局主办的集中研修，聆听专家报告：《基于课程标准的教学》（华东师大朱伟强教授、博导主讲）、《教学方式变革的知识观基础》（华东师大吴刚平教授、博导主讲）。

（二）校本教研工作制度建设

1. 校长、主任校本教研工作制度

在校长的领导下，全面制订学校校本教研制度与计划，发动全体教师参与校本教研。校长每月坚持深入课堂，中层领导每学期听课不少于30节，并坚持参加学科组的教研活动，成为教师的真诚的同伴和专业引领的力量之一。

教研室负责全校的教研管理工作，加强对学校教师的教研指导和管理，组织校、市、省、国家级课题的论证、申报工作。指导全体教师从本校、本职工作出发学习教育理论，做好实践成果的经验总结工作，按时编辑学校的教科研论文集（每年两本）。

每年举办一次教育教学研讨会，确定一个主题，由教研室筛选出在这一主题研究方面的突出者面对全体专业教师交流经验与做法。

每学期举办一次教学公开周，集中全组力量拿出最好的课，向全市或更大范围展示学校教师风采，充分利用这次校本教研活动进行“课前设计、课后反思、专家引领、同伴互助”等活动。

办好“教师沙龙”等一系列较高品位的教科研研讨会，开好现代教育理论系列讲座。

2. 教研组组长教研工作制度

教研组是学校落实教学工作，开展教学研究和提高教师业务水平的重要组织之一。教研组组长应在教研室的领导下负责组织领导与本学科有关的教学研究的全部工作。组织教师学习本学科课程标准，明确本学科的目的、任务，讨论并确定各年级教学要求，制订学期教研组计划。组织领导各备课组制订学期教科研计划。组织开展教学常规活动，实现备课、上课、作业布置和批改、课外辅导、科技活动等基本教学环节的科学化、规范化、制度化。积极开展教学研究活动，根据教学实际，围绕学校教科研课题确定教研组、备课组和个人每学期的研究课题，有计划地开展理论学习。组织教学研讨课活动，及时总结教学成果，撰写教育教学论文、反思及案例分析等。做好以老带新工作，充分发挥老教师传、帮、带作用，落实师徒结对工作，加速新教师和青年教师的培养。教研组组长要保证上述各项工作的贯彻落实，创建严谨活泼、刻苦钻研、文明和谐的教研组。

3. 备课组组长教研工作制度

备课组组长在教研组组长的领导下，负责年级备课和教学研究工作，努力提高本年级学科的教学质量。主要工作：组织教师认真学习课程标准、钻研教材、研究教和学的方法，贯彻执行教研组计划。按照学校工作计划和教研组教学工作计划，拟订本年级学期教学计划，并组织实施。组织备课组教师在个人独立备课的基础上进行集体备课。组织指导本年级教师参加听课、评课等各项教科研活动。根据学科特点，深入研讨课堂教学，课堂教学要重视课程理念的渗透，如问题情境的构建、教学活动的设计、课程目标的体现、教学方式的改变等，完善“听评课”范式，把听课、评课真正做到常态化、制度化。认真组织开展课题研究活动，以教科研促进教学质量的提高。

4. 教师教研工作制度

教师是校本教研工作的承受者和受益者，是开展教研活动的出发点和归宿。教师必须积极参加教研活动，不断提高专业素养，提升自我的教育境界。认真学习课程标准，提高课程意识，钻研教育教学理论著作，积极参加各种教研活动，参加相关的培训学习，提高适应教育改革与发展要求的能力。逐步建立起以现代教育技术为依托，以远程教育为主体的开放型教师学习网络。要运用现代心理学、教育学理论帮助教师实现教育观念的转变，树立适应新课程改革的新理念，掌握实施新课程改革必备的教育思想、教育观念、教育方法、科学知识和职业技能。教师每学期听课不少于20节。在教学实践的同时，每学期要坚持完成“七个一”工作：读一本教育教学理论著作并完成一篇读后感或评论，确定一个教学研究专题，上好一堂教学公开课，完成一份教学案例或教育叙事，完成一篇教育教学反思，写一篇教学论文，开好一门校本课程（或交一个校本课程提纲）。

（三）校本教研制度体系的主要内容

学校校本教研制度建设主要包含三个方面的主要内容：一是要建立健全学校校本教研计划和每位教师的自我发展计划的导向机制；二是促进教师主动参与校本教研活动，积极改善教学行为的运行机制、运作模式和保障机制；三是要构建激励和促进教师专业成长的发展性评价机制。

参考文献

［1］杨连明. 教育转型期，教师进修院校如何建设与发展［J］. 上海教育，2013（Z2）.

［2］余文森，洪明. 校本研究九大要点［M］. 福州：福建教育出版社，2007.

［3］何茜，张学斌. 教师教育一体化课程体系及其实施保障［J］. 教育研究，2013（8）.

［4］史静寰，王振权. 适合教师的个性化专业发展方式［J］. 教育理论与实践，2013（10）.

［5］罗阳佳. 让课程领导力真正成为学校的“软实力”［J］. 上海教育，2013（21）.

“自动化”是高效教师的必备条件之一

“自动化”是指教师要“自动求学、自动进修、自动追求进步”，语出《教师自动进修——和小学教师谈话之三》，这是体现陶行知民主教育思想的主要文章之一。原载于1946年6月6日《时事新报·教师生活》周刊第16期。这句简洁而深刻的至理名言，可作为教师的励志名言，或是成长的座右铭。铭记于心，必能做到“日日新”。近来我常常思考如何促进教师的专业成长，对如何调动教师学习的积极性颇感困惑迷茫，当读到陶行知先生的自动主义时，突然感到豁然开朗。我们教师缺的就是这种“自动化”精神。

一、“自动化”能提高教师的幸福指数

教师群体里凡是产生了职业倦怠情绪的，无法感受到职业幸福感的教师，基本上都可归属于“非自动化”教师。陶行知说：“有些人做了几年教师便有了倦意，原因固然有很多，但主要的还是因为不好学，天天开留声机，唱旧片子，所以难免觉得疲倦起来。唯独学而不厌的人，才可以诲人不倦。”每天重复一样的工作，没有一点创新，固然是要厌倦的。史金霞老师不拘一格教语文，每节语文课都与众不同，每篇课文的处理方法都那么特别，每一次组织的活动也从不雷同，你说，像这样的老师，她怎么会产生职业倦怠感呢？她自己不断地读书学习，不断地带领学生读书学习，在她的引导下，学生的课外阅读非常广泛，思维也非常活跃，即使是考场作文，也不会千人一面，她的同事说，不用看名字，都知道是史金霞老师班上的学生写的作文，因为，只有她的学生才有这么灵动的思想。史金霞老师带给学生快乐的语文，也给自己带来了快乐。正如陶行知先生所言：“一位进步的教师，一定是越教越要学，越学越

快乐。”

在“1+1”教育社区网络上曾做过调查，看看班主任的幸福指数是多少。后来发现班主任的幸福指数非常高，大大出乎调查者的意料。大家不是不喜欢当班主任吗？为什么幸福指数那么高？后来经网友点拨，原来，在“1+1”教育社区里的，都是那些自动求学、自动进修、自动追求进步的教师，这个群体本身就是教师群体中高幸福指数的群体。他们是一群热爱教育的人，是一群热爱学生的人，他们怎么会不幸福呢？不过，这恰恰也说明了，让很多人无法感受到教育幸福的一个重要原因就是“非自动化”。

“自动化”能让教师永远充满激情、充满活力。“自动化”教师能持续保持旺盛的求知欲，做到“自新”，不断地超越自我，同时也能带动学生不断地超越自我，师生共同走向幸福的“新”生活。

二、“自动化”能提高教师的专业指数

陶行知先生说，要想使教师在岗位上站得长久，就必须使他们有机会“一面教，一面学”，“教到老，学到老”。为了使教师有机会“一面教，一面学”，大部分学校通常采用“走出去、请进来、校本培训”三种方法为教师提供继续教育的机会，近几年还隔三岔五开展远程培训的项目，而且均不用教师缴费。然而，正如洋思中学副校长、江苏省特级教师刘金玉所说：“我们走出去学习的老师还少吗？我们请进来的专家还少吗？我们进行校本培训的次数还少吗？但结果真正能成为名师者又有多少人呢？为什么效果不明显？因为这些方法只提供了一个平台，只是一个外部条件，一切只有变为教师自己的需求，只有转化为内部的发展的需要，成长才能成为可能。所以，打造教师最重要的办法不是以上三种，而是第四种——自我培训、自我打造、自我提升。”刘金玉的“三自”就是建立在教师自动化的基础上的，刘老师又进一步提出完成“三自”的渠道是“三个走进”，即“走进课堂、走进学生、走进问题”，“把课堂作为研究的基地，把学生作为研究的对象，把问题作为研究的课题”，从而成为真正的“实践型教师”“高效型教师”（刘金玉，《高效课堂八讲》）。

福建省普通教育教学研究室的陈峰主任来学校调研时，曾宽慰我们道：

“虽然我们不能保证所有的教师都积极上进，但是，至少会有三分之一的老师是追求进步的，只要先让这三分之一的老师动起来，慢慢地，全校的教研氛围就会浓起来。若这三分之一教师能做到‘自动化’，我们就能率先建立一支教研骨干队伍，其影响力也是不可估量的。”

那是一定的。我们的激励措施也许跟不上，我们的评先、评优制度也许不够完善，我们的科研条件也许很简陋，我们的评价措施也许还不够科学，然而，如果教师“自动化”了，那么，所有这些不足都不会影响到这部分教师学习的积极性、科研的积极性，没有什么能阻挡这部分教师成长，那么，“自动化”教师就能在他的专业的春天里蓬勃成长，并一定能迎来他们硕果累累的金秋！

三、“自动化”能提高教师的友谊指数

“独学而无友，则孤陋而寡闻。”教师这个群体是特别不该独学的。有一句话是这么说的：你能走多远，关键看你与谁同行。我们向来主张：与益友结伴，与名师同行。在每一位进步教师的身边，总有一些“重要他人”，即益友或名师。当你能将“他人视为主体，而非客体”，“将他人视为自己生活的主人，而不是跑龙套的”时，你就能受到这些“重要他人”的传染（费尔南多·萨瓦特尔，《教育的价值》）。

陶行知先生断言：“好学是传染的。”这又让我想起张文质老师来，想起张文质老师的“1+1读书俱乐部”来。若没有“好学是传染的”一说，估计便不会有读书俱乐部的成立，更不会有读书俱乐部六年留下的串串足迹。我相信“好学是传染的”，无论是《中国教育报》推荐的教师暑假阅读书单，还是刘华良老师、张文质老师、刘铁芳老师等开列的教师阅读书单，都常常被一再转载，各种读书活动也办得风生水起。自动求学、自动进修、自动追求进步，你就能在路上遇见许多和你一样“自动化”的朋友，能遇见“自动化”的学习群体，这些民间的集体能给你带来温暖、带来激励、带来鼓舞，虽然没有人报销路费，没有人发放继续教育证书，然而，你依然不顾舟车劳顿，辗转千万里，追随名师益友。我想，这正是陶行知先生所希望的。

多年前读《教师专业成长的途径——30位优秀教师的案例》时曾对这30位

优秀教师的共同点做了归纳：不懈追求、不停反思；在别人坚持不住的时候依然能坚持住；勤于思考、勤于记录；勤奋阅读、勤奋写作；广结师缘、广交良友；胸怀理想，是个追梦人。如今看来，这些优秀的品质，不是“自动化”的“因”，就是“自动化”的“果”。

教师的“自动化”，能提高教师的幸福指数、专业指数、友谊指数，能让教师的心理变得更加健康，这样的教师队伍才有可能是高效的队伍。

陶行知先生60年前倡导全社会的教师都能自动求学、自动进修、自动追求进步。在此，再借先生之言倡导一遍。希望教育的春天能由我们开启，从我们开始，走向繁荣。

书香校园建设的反思

在我的心目中，一个书香校园，必然是处处诗意盎然，草木花石，都含情脉脉，散发着书卷气。步入其中，便觉得心旷神怡，怡情悦性。孩子们在这样的环境里学习生活，被优雅的环境熏陶着，被自然的文明沐浴着，书生意气，活泼进取，举止谈吐文明优雅。但说实话，我们学校离这样的目标还有一段距离。为什么提出书香校园建设？就是因为校园的书香气不够浓厚。原本校园是最应该具有书香气的，而如今却偏偏连校园都缺失了书香气，这不能不说是我们教育的悲哀。

学校虽然是百年老校，但因各种因素，百年老校的文化传承，无法留存于一石、一树、一亭、一楼，终觉得是一大憾事。当然，精神的血脉依然由代代一中人延续。

学校的书香建设应该是由来已久的。首先，比较令人引以为豪的是学校图书馆建设卓有成效。学校图书馆1996年成为首批通过省级达标验收的中小学图书馆之一，1997年被省教委授予“先进集体”的称号，2003年1月被共青团中央授予“全国优秀青少年读书俱乐部”的荣誉称号，生均藏书量为52册/人。学校图书馆还特别注意图书的更新，每学年新增图书均在2000册以上。

其次，我校多年来一直坚持每年举办一次读书节活动。活动内容丰富，形式多样，效果显著。举行读后感征文竞赛、演讲比赛、辩论赛，并外请作家、记者、院士等专家学者来校给师生开设讲座。这些都多多少少推动了校园书香建设的进展。此外，在一年当中结合传统节日或者校园文化艺术节，举办了多次的现场作文大赛。寒暑假另外又布置了读书征文的作业。可以说，除了读书节开展的读书征文比赛，一年到头，断断续续，都有开展与读书相关的活动。

然而，即便如此，我依然觉得我们的读书氛围还不够浓厚。

学校在硬件上投入较多，包括图书馆的现代化配置。在营造书香氛围的工作上也付出了较多努力，例如举办各种读书征文或者讲座。但是，这一系列的努力似乎都无法从根本上培养学生热爱读书的情感和自觉读书的习惯。

一、在读书与学习的关系上，有一个误区需要辨明

“阅读是对‘学习困难的’学生进行智育的重要手段。这里指的是那些很艰难、很缓慢地感知、理解和识记所学的教材的学生：一样东西还没弄懂，另一样东西就该学了；刚刚学会这一样，另一样就已经忘记了。有些教师相信，要减轻这些学生的学习，只有把他们的脑力劳动的范围压缩到最低限度（有时候，教师对学习有困难的学生说：‘你只要读教科书就行了，不要去读其他的什么东西，以免分心。’）这种意见是完全错误的。学生学习越感到困难，他在脑力劳动中遇到的困难就越多，他就越需要多阅读：就像敏感度差的照相底片需要较长时间的曝光一样，学习成绩差的学生的头脑也需要科学知识之光给予更鲜明、更长久的照耀。不要靠补课，也不要靠没完没了的‘拉一把’，而要靠阅读、阅读、再阅读，正是这一点在‘学习困难的’学生的脑力劳动中起着决定性的作用。……经过周密考虑、有预见、有组织地让学习较差的学生阅读一些科普读物，这是教师要关心的一件大事。”（苏霍姆林斯基，《给教师的建议》第19条）

这个误区不单独是教师，家长更是持这个错误的观点。常有老师会警告学生：课内的都没弄明白，还看课外书？常有家长警告孩子：“有时间就把我给你买的教辅材料做完，别看这些闲书！”久而久之，学生就以为，课外书属于闲书，属于没用的、消遣的书，用功的孩子是不看课外书的。于是，教育培养了一批只会做习题、只会应付考试的学生。没有大量的课外阅读作为生命的积淀，必然缺失大量成长所需的营养，很难想象这些孩子究竟能否健康成长。

二、学生每天除了上课、做作业，还有多少时间可用于课外阅读

苏霍姆林斯基认为学生每天应当有四五个小时，可以既不用来在学校上课，也不用来在家里复习功课，这些时间应当让他用在多方面的智力生活上。

我们的孩子没有时间看课外书，也没有时间过其他的智力生活。特别是高中阶段的孩子，更是没有时间看课外书。每天把课余时间拿来做作业都完成不了作业，学习困难的孩子更是如此。面对缺交作业的孩子，有时候简直就没法面对他。你不知道该批评他还是该安慰他还是该指导他、帮助他。

一方面想鼓励学生多阅读，另一方面又担心学生的练习不够，知识掌握不好，无法应对考试。一方面知道要全面发展学生的素质，知道求知欲比知识更重要，另一方面又实施着应试教育。周国平先生道："人生的价值，可用两个词来代表，一是幸福，二是优秀。优秀，就是人之为人的精神禀赋发育良好，成为人性意义上的真正的人。幸福，最重要的成分也是精神上的享受，因而是以优秀为前提的。由此可见，二者皆取决于人性的健康生长和全面发展，而教育的使命即在于此。不错，这只是常识而已。唯因如此，真正可惊的是，今天的教育已经严重地违背了常识。一种教育倘若完全不把人性放在眼里，只把应试和谋生树为目标，使受教育者的头脑中充满死记硬背的知识，心中充满谋生的焦虑，对于人之为人的精神性的幸福越来越陌生，距离人性意义上的优秀越来越遥远，我们的确有权问一下：这还是教育吗？"

真理往往就是常识，教育的真谛其实也是一个常识，尊重生命，让生命能更好地成长，这难道不是常识吗？然而我们却常常无视这个常识，偏偏要做出一些惊人之举，以显得与众不同。在教学上，看哪个学科教师更会占有学生的时间，这个学科的成绩就更好。于是各门学科的老师纷纷出台掌门绝招，学生还有自由的时间吗？

"最重要的教育原则是不要爱惜时间，要浪费时间。这句话出自卢梭之口，由我们今天的许多耳朵听来，简直是谬论。然而，卢梭自有他的道理。如果说教育即生长，那么，教育的使命就应该是为生长提供最好的环境。什么是最好的环境？一是自由的时间，二是好的老师。在希腊文中，学校一词的意思就是闲暇。在希腊人看来，学生必须有充裕的时间去体验和沉思，才能自由地发展其心智能力。卢梭为其惊世骇俗之论辩护说：'误用光阴比虚掷光阴损失更大，教育错了的儿童比未受教育的儿童离智慧更远。'今天许多家长和老师唯恐孩子虚度光阴，驱迫着他们做无穷的功课，不给他们留出一点儿玩耍的时间，自以为这就是尽了做家长和老师的责任。卢梭却问你：什么叫虚度？快乐

不算什么吗？整日跳跑不算什么吗？如果满足天性的要求就算虚度，那就让他们虚度好了。”（周国平，《教育的七条箴言》）

我们需要真正明白生命的成长究竟需要什么，我们究竟能为孩子们的成长做些什么。如果能做到把时间还给学生，我们才能够更好地指导学生开展课外阅读，书香校园的建设才能见到曙光。

三、试问我们自己，有多少教师有书香气

要让学生生活在书籍的世界里，首先教师要生活在书籍的世界里。“只有当教师的知识视野比学校教学大纲宽广得无可比拟的时候，教师才能成为教育过程的真正的能手、艺术家和诗人。”只有读书、读书、再读书，才能使每一位教师不仅懂得一点教学的常识，而且深知本门学科的渊源（苏霍姆林斯基，《给教师的建议》第87条）。苏霍姆林斯基要求每个老师都要有自己的实验室（类似于资料室、图书室），里面要收藏自己的教学资料和藏书。学生也要有自己的藏书。无论学校图书馆的书有多丰富，但每个人都必须要有自己的藏书。在很多的书里面，还要有自己最喜欢的书。但我们很多老师都没做到。教师的阅读状况并不比学生乐观多少。这也是我们亟待解决的问题。

总之，书香校园建设之路，并不平坦，需要多方面付出艰辛的努力。

第三辑

开发跨学科融合的课程资源

略谈综合实践活动课程资源的几种开发和利用策略

综合实践活动课程没有固定的、现成的教材，而且，即使有教材，也不适合不同地方、不同年级、不同程度的学生特点，不便于课程的开展。因此，这门课程急需乐于开发课程资源的教师，而且，课程资源的开发在某种意义上决定着学生在教育活动中的生活方式或生存方式。

目前在很多地方此门课程推动不力，很重要的一个阻碍就是愿意上课的老师少，愿意上又能上好课的老师更少，能上好课且能自主开发课程的老师更是少之又少。如果老师们能够充分掌握好课程开发的途径和方法，学会了自主开发课程，也就会更喜欢上，更容易上好这门课，更重要的是能够通过这门课程的开发和建设极大地提高教师的综合素质，提升教师的专业技能，同时，教师的创新能力、实践能力也能极大地调动学生参与创新、参与实践的积极性。

鉴于此，笔者结合自己及广大同行的教学实践，对这方面做了粗浅的思考。

一、明确综合实践活动课程资源的特点

不要把综合实践课程资源开发成其他学科的资源，也不要把其他学科的课程资源当成综合实践活动课程的资源，有些教师一开始就没搞明白，以为凡是需要研究的知识都是综合实践活动的资源，以为课程资源一定要编成教材，以为综合实践活动的教材一定是和其他学科体系一样，要有书面作业和书面评价体系。

有研究者认为，对课程资源的认识应该把握四个特点，即价值潜在性、不

确定性、多样性和动态性。所谓价值潜在性，就是说它不是现实的课程要素和条件，必须经过课程实施主体自觉能动地加以赋值、开发和利用，才能转化成现实的课程成分和相关条件，发挥课程作用和教育价值；所谓不确定性，指的是课程资源进入课程领域的关键，取决于主体的课程观和课程意识，是主体有意义筛选课程资源的过程，也是只有主体对课程意义和课程可能性有高度的敏感性和自觉性，才能开发利用丰富的课程资源；所谓多样性，指的是课程资源的存在形态、表现形式、利用途径与方法等是多种多样的；所谓动态性，指的是一个地区课程资源在数量上具有很大的伸缩性，课程资源的内涵、外延及内容也有一个变化发展的过程。

综合实践活动课程资源除了具备上述四个特点，还应把握五个特点，即综合性、实践性、探究性、科学性、创新性。

二、综合实践活动课程资源的开发途径

1. 贴近学生，开发生本化课程资源

学生正长身体，关注自身高矮、胖瘦、美丑；学生正在学习，关注自己的学习成绩、学业压力；学生正处在群体生活中，关注交往能力等。

围绕学生的成长特点，开发相关主题资源。例如，“预防校园青少年违法犯罪的行动研究”，指导学生研制调查问卷，然后分组外出调查，进行实践研究。实践研究分两步走，第一步是将全班同学分成六个小组，分别走访中国关工委、居委会、医院、法院、派出所、戒毒所，收集各方统计资料。实践研究的第二步是发放问卷及开展网络调查，各小组按路线做好分工，兵分多路，网上、网下同时进行。然后是问卷统计，撰写结题报告。最后进行汇报。整个活动持续时长为一个学期。“关于青少年如何正确应对青春痘的问题开展实践研究”，也可以作为一个资源进行开发，学生的知识储备足以支持这一课题的研究，市场上也有比较多的祛痘产品，学生为青春痘所困扰的状况也比较明显，可以引导学生制定调查问卷，了解同学们是如何对待青春痘的；可以组织学生外出调查市场上祛痘产品是否安全、科学、有效；可以引导学生对美容师、家长、教师等群体开展采访。

此类生本化课程资源是共性资源，不管谁开发出来的，哪个地方开发出来

的，都可以拿过来用。部分有地域区别。发达地区肥胖孩子多些，可以开展肥胖调查及科学减肥实验研究。外来务工子女多些的地方，就可以围绕外来务工子女的学习、生活开展系列研究。这些虽有不同，但很好借鉴。教师们若能有心去搜集，多积累这类资源素材，是比较方便于二次开发的。

2. 关注生活，开发生活化课程资源

关注日常生活，或者关注生活热点，就可以开发生活化课程资源。生活化，其实可以围绕“衣、食、住、行”四个字来做文章。例如“行”，可以开发交通方面的资源，如学校周边或本市（区）道路交通现状调查、堵车问题的解决策略、交通安全问题、公交车路线设计或改进方案、人行天桥或高架桥的设计或者改进方案，等等；关于“行”，还可联系到社会热点，例如最近新闻“据中国之声《新闻晚高峰》报道，连日来，全国多个省会城市发生出租车大面积停运，堪称有史以来最大规模的停运事件”（来自2015年1月14日中国广播网的报道）。依此可以展开对出租车司机生活现状的调查，并对出租车行业的发展前景做些预测。围绕这个课题开发一些资源，可组织学生采访几家出租车公司、交通局、出租车司机、民众等，引导学生深入思考，如何更深入地去了解和体验出租车司机的生活。鼓励学生积极去实践、去体验，收集第一手资料。例如“食”，我曾围绕“食”引导学生推出“食品来源、食品销售、食品制作、食品内涵、食品保存、食品安全”等多个研究视角开展主题活动，每个视角还可分设子课题，就“食品制作”而言，又可从美食烹饪、食品雕刻、加工工艺等角度去研究。这是从横向去开发的，还可从纵向去思考。二者结合，可以开发出很多资源来。例如，食品保存，从历史长河中，人类自有食品以来，采用什么方法保存食品？有什么不足？如今科技发展了，人们采用什么方法？有什么不足？可改进吗？引导学生借助一系列问题的分析，去确定研究课题。

当然，生活并不只是“衣、食、住、行”，例如“限塑令”实施现状调查及问题分析、校园植被优化方案的研究、校园池塘水环境调查，等等，这类课题的研究视角也是与学生生活密切相关的。

3. 因地制宜，开发本土化课程资源

本土资源开发利用得好，可有一举多得的效果，既能使学生更加了解当地的风俗民情，还能进一步激发学生爱家、爱校、爱家乡的情感，更能引导学生关注并积极传承非物质文化遗产。而且，本土资源就在身边，也方便教师的开发和利用。

例如，漳平二中开发了“走进漳平孔庙，探寻儒家文化”的主题资源；永定二中开发了“走进客家土楼”的主题资源；连城朋口中学开发了“走进培田古民居”的主题资源；武平一中开发了“军家方言的保护与传承”的主题资源；等等。

课程资源的开发是一个动态过程，是在实践中不断完善的过程，特别是本土资源的开发，更要群策群力，不断思考，既要开发出共性的资源，也要开发出个性的资源。例如，武平一中研究武平中山镇的军家方言，那么，武平二中是不是也可以研究？武平三中呢？一个地方的资源是共享的，但若你要开发得比别人好，你就要利用得比别人好，就要老师们能够群策群力，不断创新。

4. 发挥特长，开发特色化课程资源

这里所说的特长，是指教师自身的特长。这是教师资源的开发策略。杜威在20世纪初就认识到教师对课程的潜在贡献，他认为教师是尚未开发的巨大课程资源，“教师即课程”，教师不再孤立于课程之外，而是课程的有机构成部分，是课程的主体和创造者。

2014年上半年，福建省举办了中小学综合实践活动“才艺展示与资源开发”微课视频评选活动，并在此基础上于下半年举办了微课直播活动。这一活动旨在告诉我们综合实践活动课程资源开发并不难：张口就来、信手拈来、动动手自然而来。资源就在身边。直播展示的教师个个身怀绝技，有书法、太极拳，有闽南韵、莆仙戏，有陶泥、插花，还有各种创意，如百变纸盒、气球编织、公益招贴画，等等。在教师才艺的基础上开发课程资源，还需要遵循目标性原则、兴趣性原则、生活性原则、教育性原则。

三、综合实践活动课程资源的利用策略

1. 编写主题活动提纲

将上述开发出来的资源按主题形式编写提纲，在具体实践过程之中记录、改进、完善，形成案例，收集整理，最后积累起来以充实校本综合实践活动课

程资源库。

2. 与当地相关部门建立共建单位

当地很多课程资源是需要多次开发的，而且，经常要带领学生实地考察、参观、学习等。为了减省一些重复的手续，对适合本校的资源单位，最好建立长久的共建关系。时机成熟的话还可以组建实践基地。

3. 开辟多种形式的舞台

将师生开发的优秀资源进行多种形式、多种层面的展示评比活动，并以图片、展板、视频、音频、文集等多种形式予以保存、积累。

综合实践活动课程资源的开发与利用，需要教师的智慧，更需要教师的激情。有心去研究，用心去研究，才能真正开发出适合学生特点，有助于学生健康成长的好课程。

参考文献

［1］黄晓玲. 课程资源：界定　特点　状态　类型［J］. 中国教育学刊，2004（4）.

（本文是龙岩市普通教育教学研究室“高中研究性学习的常态实施研究”子课题“研究性学习课程资源的开发与有效利用的研究”的研究成果之一）

向科技辅导员学习综合实践活动课程资源开发策略

美国科罗拉多州杰弗森郡的开明学校是世界上成立时间最久的公立、非主流学校之一。瑞克·玻斯纳在这所学校工作三十余年，从一线的校车司机和后勤管理员做起，在做了老师、顾问等工作后，担任了这所学校的领导。他于1989年获取了博士学位，成为自主学习和过渡形式（rites-of-passage）课程方面的专家。他认为在学校的工作经历不仅使他个人成为积极的终身学习者，而且还让他的家人真正感受到了幸福。瑞克·玻斯纳就是《收获幸福的教育：一所从不考试的公立学校》一书的作者。教师们根据学生的成长需要开发了许多课程，其中仅旅行课程就有三门，例如刚入高一的荒野旅行、高二年级的提可潘（Teacapan）旅行（小渔村综合实践活动，学习当地的语言、文化、科学等）、高三年级的边界水域（Boundary Waters）冒险旅行。社区服务项目有全校统一和个人或小组独立的，如整个学校的学生帮助低收入的老人维修房屋、为残疾人修建出行轨道等。这所学校开设的好多课程，实际上就是我们在做的综合实践活动课程。但是，我们的工作很难推进，很重要的因素是，我们的学校不是从不考试的学校。我并不希望综合实践活动被纳入考试的范畴，相反，我希望更多的课程像综合实践活动一样不需要考试。不是因为它不需要考试而忽略它，相反，正因为它不需要考试而更需要我们教师的全心投入，剔除功利性的东西，让综合实践活动这一门课程开放出最纯净、最绚烂的花朵。至少，在这一门课上，要让学生感觉到学习是一件十分有趣的事情。为了这样的目标，我们需多揣摩和学习课程开发的理论和方法。通过阅读分析科技辅导员的科教方案，我得到了一些启发，在此列出一二与同行们分享。

一、以校本课程的建设为依托，完善课题突出评价推出课程

《中国大百科全书·教育》中，课程是指“所有学科（教学科目）的总和，或指学生在教师指导下各种活动的总和”。英语中的课程的含义为“学习的进程”。课程的内涵包括“教程”和“学程”两个层面。校本课程一般是区别于以国家为本的课程和以地方为本的课程，是特指以学校为本的基于学校的实际情况，为了学生的发展，由学校自由开发的那些课程。为此，国家颁布的《普通高中课程方案》指出：“赋予学校合理而充分的课程主权，为学校创造性地实施国家课程，因地制宜地开发学校课程，为学生有效选择课程提供保障。”

第八届福建省科技辅导员创新大赛科教方案的二等奖作品——福州外国语学校唐碧云老师开发的《〈演讲与口才〉校本课程教育方案》是一份非常典型的成功案例。该教育活动主要分三个阶段进行，第一阶段为《演讲与口才》校本课程的学习，第二阶段为“演讲与口才”子课题的开展与实施阶段，第三阶段为课题汇总及宣传阶段。该活动参与对象为40位高一年级学生，整个活动持续时间为一个学年，大致安排是两个学段上选修课，一个学段开展课题研究，一个学段进行总结、评价、宣传。纵观整个方案，校本课程建设是这个活动方案的前提。这个案例给我们一个提示，努力去开发科技特色教育的校本课程，既能充实综合实践活动的内容，培养学生的科学人文素养、环境意识、创新精神与实践能力，也能形成校本特色。

二、以生活教育理念为支撑，选好主题指导到位建构课程

生活教育理念是陶行知先生提倡的。陶行知指出：“生活教育是生活所原有、生活所自营、生活所必需的教育。教育的根本意义是生活之变化。生活无时不变，即生活无时不含有教育的意义。”它强调教育要以生活为中心。我们教师在选择课题方向时，就要考虑从学生日常生活中观察可得的现象或具体问题出发，引导学生通过观察、实验、思考、探究，把生活体验和学科知识结合起来，在实践和应用中将所学的知识与社会、生活联系起来，从而提高学生利

用所学知识解决实际问题的能力。

例如，北京西城区青少年科技馆馆长刘克敏撰写的科教方案《了解家乡的水 考察家乡的河》（全国一等奖），这一方案从科学层面引导学生深入了解原本已经十分熟悉的母亲河。该方案设计三个活动：绘制家乡河流流域地图、河水流量的调查、对河水的考察与感官描述。每个活动设计均做出详细的指导和明确的要求，如活动一就提供了一个“水源周围可能存在的污染情况考察表”，共列了居民小区、草坪绿地、儿童乐园、停车场等26个考察场所。

活动中还涉及水样采集方法、水样说明书、水体外观检测、水体气味和强度检验、水样混浊度的测定等系列重知识运用的实践考察领域。这启发我们要运用生活教育理念，从学生的生活中去建构课程内容。

这一方案还给我们一个启示，就是教师的指导一定要到位，例如，实地考察，该考察什么，如何考察，涉及哪些方面的知识，该做哪些方面的准备，等等，这些在综合实践活动课程的指导落实中要仔细思考。同时，除此之外，我们在课程开发上可以比科学教育方案更详细、更综合一些。例如，把实地考察和社区服务结合起来。当你在统计一段河流生活垃圾的种类和污染来源的时候，可以顺便参与河道及两岸的卫生清洁工作，也可以顺便做好环保宣传工作，等等。

三、以学科探究性学习为手足，唤醒智慧运用知识生发课程

克里希那穆提认为“脑里广大的空间有着无可想象的能量”，这个广大的空间，正是人的生命创造力的源泉所在，“积累知识不会通向智慧”，“知识不能产生智慧，智慧却可以运用知识”，“在我们的学校里，教育不仅是要获取知识，更为重要得多的是让智慧觉醒，然后智慧会利用知识，不是相反的”，“学会去观察和理解知识的整个结构，就是唤醒智慧的开始”。我们的学校教育比较重视知识的传授，强调知识的积累。克里希那穆提提醒我们要不断地追问：你是不是在创造那个能够让真正的学习发生的特殊氛围？

在学科知识的观察和探究方面，这里也提供了一个案例来分析——上海青少年科技教育中心的陈玲菊老师撰写的《解决问题的比赛——“鸡蛋保护器”》。这份案例是唤醒智慧的典型案例。教师提供问题情境，要求学生灵活

运用所学物理知识来解决实际问题——如何避免鸡蛋在运输过程中损坏？陈玲菊老师根据这样的思路拟出活动课程目标，并根据难易程度设计多层次活动目标、多种活动方案。该案例不单独是一门物理学科的设计实验，它还要求学生对鸡蛋是如何运输的及在运输过程中有几种包装方法展开调查，进而引导学生去思考现有的包装方法是否存在问题，若有问题，需如何改进。这对研究性学习设计类项目的开发很有启发意义，对我们综合实践活动课程整体资源的开发也很有启发。我们可引导教师以一门学科为圆点，以学生运用学科知识的能力为半径，这样画出的圆的大小就能说明学生参与度的大小、活动效度的大小。一个成功的活动案例，应该就能达到如本案例的课程目标中所说的，让学生在集体与个人相结合的探究活动中培养学科学、爱科学、用科学、信科学和客观、求真、探索、合作、竞争等科学精神。我们在开发综合实践活动课程资源时，若能提高课程意识，在每个方案前都提出课程目标，这在整体方案的宏观把握上会更具理论高度和实践高度。

四、以传统文化节日为载体，多方论证四题递进设计课程

中国传统节日五彩缤纷，文化内涵丰厚，蕴含着深厚的中华文化底蕴。在当前社会发展过程中，人们正逐渐感受到传统节日文化传承的重要性，意识到要全面认识和保护传统节日文化，须取其精华，去其糟粕，使之与当代社会相适应，与现代文明相协调。综合实践活动课程的开发不妨以传统节日为依托，采用探究式学习方式，在弘扬科学精神的同时，体现对传统文化的尊重。如果能够注重科学知识与人文内涵相结合、科学实证与艺术表现相结合、细节精确和价值渲染相结合，那么，我们就能够开发出具有科学价值和人文价值的综合课程。

广东省佛山市顺德区陈村职业技术学校的陈翠云老师撰写的科教方案《有关年宵花的回放和再生利用的思考及调查研究》也可引起一些思考。年宵花市的春节一年比一年热闹，南方各大城市更是如此。但是，几百元买来的年宵花，花期一过，大多都成了垃圾。特别是一些花期较短的年宵花，如水仙花、桃花等。买主觉得扔了可惜，而且也增加了环卫工人的清理工作量。因此，如何提高市民对年宵花的养护能力，如何让年宵花能够再生利用，是一个很好的

课题。这个科教方案从节日中新生的问题出发，引导学生开展市场调查，调查花市，采访花农、市民、环卫工人等，运用所学知识，开展实践调查研究工作。我们的传统节日主要有春节、元宵、清明、端午、中秋等。例如，我们可以以春节为载体，年宵花市是其中一个专题，对联是一个专题，拜年习俗也是一个专题，可按照“主题—专题—问题—课题”四题递进的课程内容体系去开发设计整体主题活动方案。按照课程的延伸角度，注重多角度、多层面、多方位整合，不是把综合实践活动停留于活动上，而是落实到课程上。

充分利用好传统节日的假期时间和其自身承载的文化、科学内涵，在教师有序、有效的指导下，真正培养出“全人”。

五、以主题宣传日为基点，分层分级由浅入深转化课程

厦门松柏中学的谢雪锦老师撰写的科教方案《防台风减灾科普教育活动方案》，上海市青少年科技教育中心的王建华、曹晓清老师撰写的科教方案《呵护大自然的精灵，关注城市生态环境——中小学爱鸟、引鸟、识鸟、护鸟科技活动》，北京市朝阳区青少年活动中心的苗秀杰老师撰写的科教方案《“低碳，我们在行动”第十届北京市中小学生金鹏科技论坛展示活动》等，这些案例基本都是以主题宣传日为基点进行开发的。

每年每个月几乎都有至少一个主题宣传日，例如1月最后一个星期日是“世界防治麻风病日”，2月2日是“世界湿地日”，3月9日是“保护母亲河日”，3月21日是“世界睡眠日”，4月7日是“世界卫生日”，5月31日是“世界无烟日”，6月5日是“世界环境日”，7月11日是“世界人口日”，7月28日是“世界肝炎日”，8月13日是“国际左撇子日”，9月16日是“国际保护臭氧层日”，10月4日是“世界动物日”，10月15日是“国际盲人节”，11月第三周周三是“世界慢阻肺日”，12月1日是“世界艾滋病日”，12月5日是“世界土壤日”。有的月份主题宣传日有十多个。每年每个主题宣传日都有相应的活动主题，例如2015年世界卫生日的主题为“食品安全”，世界无烟日的主题是“制止烟草制品非法贸易”，世界湿地日的主题为“湿地：我们的未来”。

当然，也许老师们会说，“我也知道这是一个点，但不知道怎么开发，从何入手”。对此，我们就以上海市青少年科技教育中心的王建华、曹晓清老师

撰写的科教方案《呵护大自然的精灵，关注城市生态环境——中小学爱鸟、引鸟、识鸟、护鸟科技活动》为例来稍做阐释。爱鸟周活动是很多教师参与过或者主持过的活动。但是，基本上都停留于对鸟类标本馆的参观、开展一个“爱鸟知识知多少”的竞赛、制作爱鸟周手抄报比赛等，活动持续也就一周时间。但是，上海市青少年科技教育中心却没有停留于简单的宣传和学习上。他们将一周的活动设计成一个学期的课程，确定课程目标体系，逻辑上将“爱鸟”扩展成“爱鸟、引鸟、识鸟、护鸟”，在目标的达成上更加明确。一般案例是围绕一个主题设计成三个活动方案，但这个案例设计了六个活动方案，可见这两位科技辅导员发散思维能力极强，能够“小题大做”，将一个项目转换成一个课程，并定出课程目标。并且分级分层设计知识竞赛试卷，分阶段设计相关的学习单，也使学生能够在整个活动过程中得到有效的指导和规范的引导，真正获得科学素养的提升。

六、以本土资源开发为特色，多个领域深入挖掘合成课程

此类案例在科教方案的比赛中似乎更加突出，例如获得第26届全国青少年科技创新大赛科技辅导员创新项目一等奖的科教方案《对天津蓟县八仙山净化空气植物的调查及利用》（天津中学伊娜）、《神奇的泥巴——走进天津“泥人张”》（天津市河北区兴华小学霍元媛）、《乌鲁木齐市乌拉泊湿地生态安全现状调查活动方案》（乌鲁木齐市第41中学栾凤梅），获得第30届福建省青少年科技创新大赛科技辅导员创新作品一等奖的科教方案《走进莆田古街》（莆田第四中学郑秀霞）、《汲取客家土楼文化精华、培育社会主义核心价值观》（永定县第三中学李大红）等。这些案例中所涉及的本土资源包括自然资源、文化资源。充分开发本土资源，是所有综合实践活动课程研究者都早已关注到的课题，但究竟该如何开发好这一资源，我们可从一些科教方案的分析中得到一些启发。

本土资源的面很广，就自然资源而言，本土上的一草一木、一山一水、一土一石，均可成为可开发的资源，例如当地的湿地、植被、岩层、土壤，以及森林公园、自然保护区等都是。就文化资源来讲，有当地的建筑（桥梁、民居、景观）、民俗、民间歌舞、民乐、地方饮食、地方服饰等。

课程专家、教育学教授张楚廷认为，广域课程（又称综合课程）的出现就是课程自身运动的一种结果，在只涉及两个学科时，不如叫作交叉课程，总要在达到一定数量时“广域”才实至名归。这告诉我们，作为综合实践活动课程，其涉及的学科是多于两个学科的。例如，《走进莆田古街》涉及历史、物理、语文等多个显性课程，还涉及信息采集、实地考察、访谈交流等多个隐性课程；《汲取客家土楼文化精华、培育社会主义核心价值观》涉及政治、语文、地理等多个显性课程，还涉及实地考察、访谈交流、DV制作、摄像摄影等多个隐性课程。

在如何深入方面，此类科教方案在分设子课题时与其他类型的科教方案纵向逐层深入的方式不同，采用横向展开式分解子课题。例如，走进莆田古街在“‘大宗伯第’文化和保护策略的探究”这一主课题下设“大宗伯第”传统文化的调查研究、建筑风格的考察研究、抗震性的探究、现状和保护措施调查四个子课题。

综上，我们可知综合实践活动课程资源可开发的路子应该会更广，有这么多成功的具体方案可资借鉴，当然，我们也要多学习一些课程开发的支撑理论。例如，社会学习理论认为，人具有认识和思考的能力，能够从观察和体验中获益；情境认知理论认为，人类活动是复杂的，包括了社会、物理和认知的因素，人们是直接通过与环境的接触与互动来决定自身的行动；人本主义理论认为，教育的目标不仅仅局限于知识渊博，而是去培养具有独立判断、能够自己掌握学习方法、进行自我评价、具有独特个性的人。张楚廷教授说，人类文明不断提升的一个基本动因，就是人类即使对最寻常的事物也不停地询问。这句话似乎可以成为综合实践活动课程应该会快速走向繁荣的依据。

参考文献

[1]［美］瑞克·玻斯纳. 收获幸福的教育：一所从不考试的公立学校［M］. 安秋子，译. 上海：华东师范大学出版社，2013.

[2] 中国大百科全书总编辑委员会《教育》编辑委员会. 中国大百科全书·教育［M］. 北京：中国大百科全书出版社，1985.

[3] 张楚廷. 课程与教学哲学［M］. 北京：人民教育出版社，2003.

德育项目共同体建设："一体一核五翼"开放性结构初探[①]

——以劳动教育为例

立德树人目标的达成必须走长效化、常态化的实施路径，还必须走出创新性、开拓性的大格局。立德树人不是某个学科的事，不是某个教师的事，也不能依托于某项德育活动，它要求必须跨越学科，突破学校围墙，让不同层级、不同领域的人员均参与其中。因此，福建省龙岩第一中学分校尝试探索德育项目建设共同体。

所谓共同体，就像我们提出的人类命运共同体一样，带有新时代的共商、共建、共享、共赢的新理念。因此，我们提出共商育人目标及德育实践活动的主题、共建德育课程、共享建设成果，最后达成师生、学校共赢的局面。这样虽然明确了共同体必须做的工作，但一个德育项目的共同体该以何种思路来组建，并以何种方式去运行是我们首先要思考的问题。

经过多次的研讨及请教市教育科学研究院的专家，我们最后提炼出了"一体一核五翼"的德育项目建设共同体结构：首先，确立一个实践共同体，即打造"红土润心"的闽西红土文化育人实践共同体。其次，明确一个项目的核心理念，即"红土润心"红色基因的传承与发展。最后，提出"五翼"，即五种

① 本研究为2017年福建省中小学德育建设百优项目"打造'红土润心'的闽西红土文化育人实践共同体"的研究成果。

德育实践思路，它们是以主题实践活动为重点，带动红色基因传承的常态化实施；以校本课程开发为主线，推动红色基因传承的校本化转变；以研学旅行活动为载体，促进红色基因传承的行动化研究；以特色文化建设为抓手，打造红色基因传承的创新性样本；以全市中小学为辐射面，推广红色基因传承的实践性经验。

在结构的架构过程中，我们希望构建的结构具有可效仿、可借鉴、可验证、可重复、可创新的特点，这样既便于老师们学习借鉴，又留有创新空间，让这个结构越用越活、越用越精彩。我们且以劳动教育为例，来看看如何活用这个结构。

一、正名，确立“一体”

我国在早年就提出了“德智体美劳”的教育目标，著名教育家陶行知所提出的“教学做合一”的思想里也包含了劳动教育思想。但凡重视教育的人，都懂得劳动教育的重要性。但不知从何时起，智育被过分强调，德育、劳育被逐渐忽略。这一两年习近平总书记在多个重要会议和重要场合上，多次提出要在中小学中弘扬劳动精神，劳动教育再次被提到一个重要地位上，但被纳入社会主义建设者和接班人的总体要求还是属于首次。基于这样的时代背景，我们就建设一个劳动教育德育实践项目共同体，命名为“奋斗的青春最美丽”劳动教育德育实践项目共同体。

二、明理，拟定“一核”

一个项目必须要有一个核心理念，不管这个共同体是由一所学校多学科教师代表组成，还是由一个地区多所学校组成，若拟定一个核心理念，那么这个共同体所有成员才算拥有同一个心脏、同一个大脑，“共商、共建、共享、共赢”才能成为现实。那么，针对劳动教育德育实践项目，我们要确定怎样的核心理念呢？德智体美劳之中的劳育，不仅能够培养学生的劳动素养，还具有树德、增智、健体、育美的综合育人价值，此外，生活劳动能培养学生的自理能力、生产劳动能培养学生的创业创新能力、服务劳动可以增强学生的服务意识和服务能力，培养学生的社会责任感。总之，青春是用来奋斗的，不劳动无以为人，不创造无以成事，劳动教育的时代价值非常深远。综上，我们可以拟定该项目的核心理念为：弘扬劳动精神，完善人格，造福人民。

三、架构，搭建“五翼”

成语有“比翼双飞”“如虎添翼”，这“翼”常指“双翼”，有双翼，即可展翅高飞。我们缘何要提“五翼”呢？因为一个物体若有“五翼”，就好比太空中的空间站、大洋中的航空母舰，它庞大、稳固，且能成大事。所以，既然是共同体，则必须有“五翼”。依据我们的模式，“五翼”是指五种德育实践思路。借鉴我们提供的结构，尝试创新性地架构属于劳动教育的“五翼”，即以主题实践活动为重点，带动劳动教育的常态化实施；以校本课程开发为主线，推动劳动教育的校本化转变；以研学旅行活动为载体，促进劳动教育的行动化研究；以特色文化建设为抓手，打造劳动教育的创新性样本；以全市中小学为辐射面，推广劳动教育的实践性经验。当然，要让“五翼”的各个羽翼丰满、有血有肉，则必须扣紧我们的项目核心理念，深入去研讨劳动教育的核心内涵及它的普世价值。该结构的创新空间就在这“五翼”的血肉上，课程资源的开发者和课程的建设者，需要在这个空间上多开动脑筋，才能用好、用活该结构。

1. 以主题实践活动为重点，带动劳动教育的常态化实施

一般以年级为单位，每个年级确立一个主题实践活动，例如，一年级“生活自理我能行”，二年级“巧手工艺坊”，三年级“家务劳动我能行”，四年级“我是小小养殖员”，五年级“红领巾爱心义卖活动”，六年级“我喜爱的植物栽培技术”，七年级“我为社区做贡献”，八年级“现代简单金木电工具和设备的认识与使用”，九年级“走进现代农业技术”，十年级“扶助身边的弱势群体”，十一年级“创办学生公司”，十二年级“参与公共文化服务”。确定主题之后，根据“社会服务、设计制作、职业体验”等不同的活动方式，按照相应的关键要素，设计不同的课型，带动劳动教育的常态化实施。十二个年级的劳动教育能够常态化实施起来的话，其教育的价值是不言而喻的，依据2017年9月教育部印发的《中小学综合实践活动课程指导纲要》，社会服务能让“学生在满足被服务者需要的过程中，获得自身发展，促进相关知识技能的学习，提升实践能力，成为履职尽责、敢于担当的人”。设计制作“注重提高学生的技术意识、工程思维、动手操作能力等活动。在活动过程中，鼓励学生手脑并用，灵活掌握、融会贯通各类知识和技巧，提高学生的技术操作水平、知识迁移水平，体验工匠精神等”。职业体验“让学生获得对职业生活的真切理解，发现自己的专长，培养职业兴趣，树立正确的劳动观念和人生志向，提升生涯规划能力”。

2. 以校本课程开发为主线，推动劳动教育的校本化转变

可以依据本年级的主题，单独开发校本课程，也可以将德育、智育、体育、美育分别融入劳育中，开发校本课程。这里一定要注意，在课程开发的过程中，要结合自己学校的办学宗旨或者办学特色进行设计开发，注重教材的编写质量，保证课程评价的落实，首先保证校本化，再落实课程化。这对劳动教育综合育人效果的达成极有帮助。

3. 以研学旅行活动为载体，促进劳动教育的行动化研究

德育实践活动本身就带有“行动性”特征，“劳动”“活动”都必须“动”起来才行。研学旅行就在“行”之中“动”起来了。无论是小学的体验式研学旅行，还是初中的带着问题去旅行，还是高中的带着课题去旅行，当学生走进山福生态农业科普教育基地、畲家贵妃农庄、武平县中山松花寨生态茶庄园等研学基地时，他们究竟能获得怎样的学习体验，达到怎样的教育效果，这必须要求指导教师在研学前做好充分的指导工作，研学后引导学生做好提炼、展示、交流、提高的工作。

4. 以特色文化建设为抓手，打造劳动教育的创新性样本

学校要打造特色文化，可以仔细思考特色的选定，例如，有学校要打造纸艺特色的校园文化，二年级“参观造纸厂”，三年级“彩色剪纸+衍纸”，四年级“染色剪纸+纸雕”，五年级“套色剪纸+纸浆”，六年级“创意剪纸+帕吉门”。学校结合纸艺特色融入学生成长需要的德育教育内容，并综合考察探究、社会服务、设计制作（信息技术与劳动技术）、职业体验等四种活动方式，充分调动了学生学习的积极性，拓宽了学生学习的视野，同时还打造出了劳动教育的创新性样本。学校的每个年级的走廊都可以布置成该年级的特色纸艺文化长廊，展示学生的纸艺作品。一所特色学校就这样成功打造出来了。

5. 以全市中小学为辐射面，推广劳动教育的实践性经验

最后这一翼，应该是共同体达成“共享、共赢”的最后一个重要节点。要做好这个关键点，必须要做好劳动教育实践性经验的总结、提炼，做好推广的方式选择，如以送教下乡的形式，以开展经验介绍的培训讲座形式，或者以电视台、报纸等媒体宣传形式，将共同体总结出来的成功做法辐射到全市中小学，最终提高一个区域的劳动教育水平。

综上可见，“一体一核五翼”德育项目建设共同体结构，具有可效仿、可借鉴、可验证、可重复、可创新的特点，倘若能够用好、用活这个结构，那么，我们就能把项目化学习引向深入，让学校的特色文化建设和学生的个性发展都得到满足。

参考文献

［1］梁秀香. 例谈综合实践活动课程德育实施的有效途径［J］. 延边教育学院学报，2018（4）.

基于多学科融合的劳动教育主题研学实践课程资源开发

——以“永定区富川一甲土楼休闲农家乐”研学实践基地课程开发为例

很多人一听说劳动教育主题的研学实践，就以为是去劳动实践基地拿锄头挖挖土，去田里拔拔草，说看来又要回到当年的上山下乡的知青生活中去了。其实，有这种误解，是因为他们对“劳动教育”一词的理解过于狭隘，甚至依然停留于小农经济时代的“劳动”方式中。现在已经是知识经济时代了，新时代的劳动教育强调科学性、示范性，注重“在开展劳动实践活动的同时，引导学生采用现代化的科学技术用于创新发明，培养学生的科学探究精神”。现任华东师范大学教育学部教育学系的宁本涛教授说：“新时代生产劳动仅仅是劳动的一部分，还应包括服务劳动、精神劳动、公益性劳动、艺术性劳动和走在创新前沿的探索性劳动，等等。”

《教育部办公厅关于开展“全国中小学生研学实践教育基（营）地”推荐工作的通知》（教基厅函〔2018〕45号）中，将研学实践的优质资源分成五个板块：“优秀传统文化板块、革命传统教育板块、国情教育板块、国防科工板块、自然生态板块”。我们在开发研学旅游实践基地的课程时，依据基地特点，独辟“劳动教育”主题板块。一方面，我们希望通过深入基地挖掘、开发劳动教育课程资源，让劳动教育实践能够规范实施、科学实施；另一方面，也能够在价值层面、精神层面，真正让参与者感受到“劳动最光荣、劳动最崇高、劳动最伟大、劳动最美丽”的道理，真正领会俄国教育家乌申斯基所说的名言：“劳动是人类存在的基础和手段，是一个人在体格、智慧和道德上臻于完善的源泉。”

一、“我是新世纪农场主”——基于项目的研学实践

永定区富川一甲土楼休闲农家乐是龙岩市研学实践基地之一，在开发其资源时我们考虑到休闲农家乐的模式，全国多地都在风风火火地推广，例如四川遂宁永河现代农业产业园建设中的禅溪谷生态农庄项目，结合民俗、文化、乡愁等重要元素，打造集景观特色型、乡村田园型、村落文化体验型、农业特色型等于一体的生态农庄。江苏省常州市通过对农业生产注入“科技”与“文化”两大元素，整合农村生产、生活、生态资源，全市休闲农业得到快速发展。仅2017年上半年，全市休闲观光农业接待游客约385万人次，营业收入约12.3亿元。休闲农庄虽然风风火火，但并不是所有休闲农庄都经营得好。目前，全国各休闲农庄有多种经营模式，假如您来当农场主，您要如何来经营您的农庄呢？这里涉及了很多经营理念、管理制度、文化定位及政治学、经济学、地理学、生态学等方面的综合知识。这种深度职业体验式研学项目非常适合高中生来做，这对高中生的知识运用和能力提升极有帮助。据此，我们设计了“我是新世纪农场主”这个项目。具体设计如下：

习近平总书记在《把乡村振兴战略作为新时代“三农”工作总抓手》一文中指出，要进一步解放思想，推进新一轮农村改革，从农业农村发展深层次矛盾出发，聚焦农民和土地的关系、农民和集体的关系、农民和市民的关系，推进农村产权明晰化、农村要素市场化、农业支持高效化、乡村治理现代化，提高组织化程度，激活乡村振兴内生动力。在乡村振兴的视域下，作为新时代的新青年，你想如何当个新世纪的农场主呢？

环节一：采访

学生活动1：确定采访对象，并实施采访活动。拿出事前准备好的访谈提纲进行采访，并做好记录。

学生活动2：通过采访摸清楚原农场的经营模式和经营理念，找出优缺点，然后讨论改进或者提升的办法，完成“采访过程记录”表格的填写。

设计意图：让学生通过采访，培养表达能力、快速反应能力。在小组讨论中产生思维碰撞，培养沟通、合作的能力，同时，讨论结果有助于后续工作的开展。

教师指导要点：指导学生按原来的分组，依据各自小组预先设计好的问题开展采访活动，采访结束后，指导学生及时在各小组长的组织下，尽快讨论，并完成“采访过程记录”的填写（见表3–1）。

表3–1 采访过程记录

学校：　　　　记录者：　　　　记录日期：　　　　年　　月　　日

研究课题：	
访问者：	采访日期：
被访问者：	工作单位：
职务：	专业（专长）：
地点：	方式：
访问记录：	
得到的意见或建议：	
访谈中遇到的问题：	
我们的思考和建议：	
备注：	

环节二：实地调研

学生活动：开展实地调研，收集第一手资料。小组成员可以依据参考调研记录表，结合本组的集体智慧设计自己的调研记录表格，然后共同完成调研工作（见表3–2）。

设计意图：实地调研，掌握第一手资料，是扎实开展工作的必要前提。这一环节让学生不仅可以养成实事求是的调研精神，同时还能学习到农场经营中的一些基本知识。通过调研，查看原农场在管理上是否存在不足，或者看看是否有可开拓和发展的空间。

教师指导要点：强调纪律要求，给学生限定调研时间和调研范围，强调调研的安全问题。课题指导教师必须跟随课题小组，进行随机的指导工作。

表3–2　实地调研记录

学校：　　　　　记录者：　　　　　记录日期：　　年　　月　　日

<table>
<tr><td>农场主</td><td></td><td>农场名</td><td colspan="3"></td></tr>
<tr><td>团队成员</td><td colspan="3"></td><td>指导教师</td><td></td></tr>
<tr><td>调研项目</td><td colspan="2">调研结果</td><td>调研项目</td><td colspan="2">调研结果</td></tr>
<tr><td>农场是否有自己的特色</td><td colspan="2"></td><td>农场占地面积</td><td colspan="2"></td></tr>
<tr><td>农场是否有品牌意识</td><td colspan="2"></td><td>农场区域布局</td><td colspan="2"></td></tr>
<tr><td>农场经营的文化理念是什么</td><td colspan="2"></td><td>农场在经营管理上是否存在不足</td><td colspan="2"></td></tr>
<tr><td>农场的规模化经营模式是什么</td><td colspan="2"></td><td>农场目前的年收益情况如何</td><td colspan="2"></td></tr>
<tr><td>……</td><td colspan="2"></td><td>……</td><td colspan="2"></td></tr>
<tr><td>调研结论（对调研结果进行归纳、概括，条理清晰地陈述原农场的优点及不足）</td><td colspan="5"></td></tr>
</table>

环节三：打造农场核心文化

农场就是一种企业，它必须要有自己的核心文化，其文化是农场个性化的根本体现，是农场生存、竞争和发展的灵魂，是推动农场发展的不竭动力。它包含着非常丰富的内容，是经营理念、经营目的、经营方针、价值观念、经营行为、社会责任、经营形象等的总和，其核心是企业的精神和价值观。这里的价值观不是泛指企业管理中的各种文化现象，而是企业或企业中的员工在从事经营活动中所秉持的价值观念。

学生活动1：每个“农场主”组织团队成员结合前期的采访和调研工作，提炼农场的核心文化。

设计意图：学生在实地考察的基础上，结合自己所了解和掌握的知识，提炼农场的文化，能够有效促进团队成员之间的交流与思维碰撞，同时能够培养其企业管理文化的建设意识。

教师指导要点：给每个组发放一张“‘我是新世纪农场主’核心文化打造表”，引导学生多观察、多思考。在讨论过程中，若产生新的问题，必要时可以再进行临时性采访。安排好学生讨论的场所，组织好学生纪律（见表3–3）。

表3–3 “我是新世纪农场主”核心文化打造表

学校：　　　　　记录者：　　　　　记录日期：　　年　　月　　日

农场主		农场名		指导教师	
团队成员					
讨论项目	具体内容				
农场品牌	（给农场取个品牌名字，并阐述名字内涵，需涵盖农场的经营理念及发展方向）				
农场愿景					
农场使命					
核心价值					
道德规范					
行为守则					

学生活动2：展示交流各“农场”的文化，并进行自评、互评。

设计意图：通过交流，取长补短。

教师指导要点：组织各组展示研讨成果，进行点评，并对优秀农场主进行评奖表彰。

环节四：策划农场的经营形式

学生活动1：画出农场的平面规划图。

设计意图：综合运用地图知识、美术知识、生活知识等，做到既美观又科学，能充分展示学生的综合能力。

教师指导要点：为学生准备好纸、笔及画图的场所，并做好纪律要求。

学生活动2：讨论、撰写策划方案（该活动可以留待研学后进行）。

设计意图：策划农场的经营形式，是为了践行前面大家所提出的农场文化。而且一个农场究竟要以何种方式或者哪几种方式进行经营，可以让学生充分考虑生态农场、有机农场、休闲农场要如何综合规划、合理经营，保证生态环境越来越好，农民生活水平越来越高，运用所学知识为现有农场提供有益的建议。

教师指导要点：组织并指导学生讨论、撰写策划方案，重点要求学生要把自己的农场文化融合进去，否则文化和经营两张皮，文化就起不到核心推动力的作用。

二、“山地果林的种植管理”——基于科考的研学实践

由龙岩市人民政府、永定区人民政府扶持，在市、区农科所技术指导下，由富川村及周边几个村庄的果农自发集资500多万元，开发2000多亩山地主要种植绿色无公害水果。种有红心柚、李子、金橘蜜柚、三红柚、脐橙、红橙、皇帝橘、柿子、板栗、百香果、枇杷等水果。2000多亩山地果林适合学生开展生物类、地理类等自然科学类研学项目。深入基地调研时，我们发现这片山地就是天然的大课堂。我们设计了“山地果林的种植管理”活动，强调培养学生的科学探究精神。

表3–4　富川一甲山地植物科属分布表

科名	属	种	科名	属	种

环节一：群落垂直结构的调查

学生活动1：学生采用踏查法、目测法和文献资料查阅法，选择具有代表性，能反映富川一甲山地果林植物种类和分布规律、群落结构的地区进行现场调查并拍摄图片。

设计意图：学生在课内学习过植物群落结构的相关知识，让学生借助研学旅行教育基地的资源开展生物学科学考察活动，有助于培养学生科学探究的精神，掌握科学调查的方法，深入理解课堂所学知识，并能学以致用，为当地的果树栽培提供合理化的建议。

教师指导要点：首先，要提醒学生野外考察时一定要注意安全，每个小队发放一支口哨，紧急情况下吹哨呼救。其次，提醒学生合理分工，做好笔记，真实记录调查情况，拍摄图片时要确保拍摄质量。最后，对学生的疑难问题进行随机指导。

学生活动2：对前面的调查资料进行初步整理，填写“富川一甲山地植物种类分布表”（见表3–5）、“富川一甲山地植物科属分布表”（见表3–4）。

设计意图：植物种类分布是群落垂直结构调查的初步，在实地调查之后认真填写这一表格，其调查数据可为下一步考虑如何提高果林产量提供科学依据。

教师指导要点：安排好学生的活动场所，并维持好学生的纪律。

表3–5　富川一甲山地植物种类分布表

科名	种名	学名	分布量

学生活动3：在前面几次调查的基础上，对种群垂直结构做出统计。返回学校后再撰写结论，最后完成调查报告。

设计意图：完成一个完整的调查，对学生野外科学考察活动的严谨求实、不怕挫折、艰苦奋斗的精神培养极有帮助，同时提高学生的学术研究能力。

教师指导要点：强调科学研究工作的严谨性，引导学生忠实于调查原始数据，认真填写调查表格，指导撰写科学考察报告。

环节二：果树合理密植的探究

学生活动：根据合理密植的特点［合理密植是指在单位面积上，栽种作物或树木时密度要适当，行株距要合理。一般以每亩株数（或穴数）表示。株距、行距要多少才算合理，必须根据自然条件、作物的种类、品种特性以及耕作施肥和其他栽培技术水平而定。合理密植是增加作物产量的重要措施］，对富川一甲所种的红心柚、李子、金橘蜜柚、三红柚、脐橙、红橙、皇帝橘、柿子、板栗、百香果、枇杷等果树进行分析，对当地的栽培技术进行调查（见表3–6）。

表3–6　富川一甲山地植物垂直分层情况调查

垂直分层	植物名称	植株高度	树冠特征	喜阴喜阳	在该层植物上活动和栖息的动物及食性
乔木层					
灌木层					
草本植物层					
地衣层					
垂直分层的意义					

设计意图：在生物老师或者农科所技术人员的指导下开展此项研究，符合陶行知所提出的“做中学”的理念，学得牢、学得实，非常有利于深化学生课堂所掌握的生物学知识，同时拓展其生物技能，提高劳动技术科技含量。

教师指导要点：要求学生做好科学检测并如实记录，野外考察要注意安全，听从专业人员的指导。

环节三：无公害水果种植

学生活动：①调查富川一甲果树可能曾经或已经产生的病虫害。②调查富川一甲果树所用的化肥和农药品种。③查找资料，落实国家对无公害农产品的检测手段及评价标准。④对富川一甲的水果进行抽样检测（见表3–7）。

表3–7　富川一甲无公害果树种植调查

果树	有机肥	化肥	病虫害	农药	其他除虫害方式	效果

设计意图：民以食为天，食品安全检测标准也成为民众关注的重点，市面上标识着各种绿色食品、有机食品、无公害食品的果蔬琳琅满目，让学生实地考察、调研、了解无公害果树的栽培技术及检测标准，不仅拓展了对生物学科的课堂知识，而且增长了对农业科技的知识和技能。

教师指导要点：指导学生文明礼貌地开展调查活动，并做好翔实的记录，做好活动过程的拍照工作，收集好第一手资料，培养科学的探究精神，做好外出调查的安全教育工作。

三、“以农产品为主题设计文创产品”——基于创客思维的研学实践

创客思维，强调创新、创造，鼓励冒险尝试，用于探究，注重知识的整合性运用，倡导问题意识和批判性反思。知识经济时代下的劳动教育，关注创意经济、互联网思维、创客思维、大数据、云计算服务、个性化学习、个性化定制生产等的发展趋势。依此，我们设计了这一活动内容。具体设计如下。

环节一：审美、批判观察原有的文创产品

学生活动：以研学小组为单位，认真观察，完成下面的“原有文创产品观察调研表”（见表3–8）。

表3–8　原有文创产品观察调研表

组别：　　　　　小组成员：

原有文创产品名称		设计优点	你喜欢吗？ 你有购买的欲望吗？	请说明理由
1				
2				
3				
4				

设计意图：高中《通用技术》及《美术鉴赏》均涉及这一部分知识，让学生先以批判的眼光去观察、去鉴赏已有的文创作品，引发学生的思考，找出问题所在，驱动他们去寻找解决问题的办法。

教师指导要点：设计优点描述时，尽量让学生用更专业化的语言。在是否喜欢，是否有购买欲望的理由说明中，要指导学生把自己当成消费者，深入去分析消费者的心理。同时，也可以引导学生尝试站在不同年龄、不同性别的消费者角度再去思考相同的问题。

环节二：设计文创产品

学生活动：以小组为单位共同设计一款文创产品，画出设计草图，附上文字解说。

设计意图：培养小组成员合理分工、团结协作的能力，让抽象思维形象化的能力及语言表达能力。画出设计草图，设计就成功了一大半，这极大地考验了学生所掌握的文化主题解读、美学、方法论、消费者心理学等多方面的知识。

教师指导要点：教师要引导学生从中国传统文化内涵中汲取设计的灵感，考虑中国元素，设计出具有中国风格和地方特色的文创产品。引导学生从更高的层面去思考和设计独特的文创产品，开拓设计思维，不要被现有的文创产品的设计思路束缚住（见表3–9）。

表3–9　农产品主题文创产品设计稿

组别：　　　　　小组成员：

你认为最好的文创产品应包含哪些要素？	我们的设计图	设计说明

环节三：创意物化

学生活动：

（1）将设计草图数字化处理。

（2）连接打印机，打印到特种纸上。

（3）将打印好的纸安装在热印机上。

（4）热印加工：印在杯子上用烤杯机，印在衣服上用平板烫机。

设计意图：培养学生的审美鉴赏能力和设计、制作能力，提高信息技术处理能力。

教师指导要点：电脑PS处理，热印加工指导。

环节四：文创产品评比

学生活动：（1）讨论评比标准。（2）自评和他评相结合。

设计意图：定好四个评比要素后，空出两行可以让学生参与讨论评比要素，看需要补充上去，使其更加完善，这能充分展示学生的创意思想，同时也能完善他们自身的设计思想。通过评比，可以进一步促进学生的反思，激发他们的创新性思维。

教师指导要点：组织学生有序地展开标准讨论及评比活动，引导学生完成相应的反思，完善自身的设计（见表3–10）。

表3–10　农产品主题文创产品评比表

组别：　　　　　　小组成员：

评比要素		设定标准的理由	自评结果	他评结果
1	主题内涵解读	设计风格源自文化，文化主题产品设计，内涵解读是设计的关键	☆☆☆☆☆	☆☆☆☆☆
2	创新性	设计讲究原创性	☆☆☆☆☆	☆☆☆☆☆
3	艺术性（含造型艺术和色彩艺术）	设计的价值在于透过创意，创造出物品本身价值之外的艺术性	☆☆☆☆☆	☆☆☆☆☆
4	故事性	文创设计追求的不仅是造型和美感，其背后需要承载一个故事。创意团队需要把故事的能量通过自身的认知灌输到产品当中，这样消费者才会感动，如果没有感动，文创产品很容易就会沦为地摊货	☆☆☆☆☆	☆☆☆☆☆

研学实践的扎实推进，才能让核心素养落地，而要避免“研”而不“旅”或“旅”而不“研”，就必须精心开发研学课程，而真正好的研学课程，也必定是多学科融合的课程，因为生活并不分学科，很多问题也不会分学科，真正情景化、生活化的问题，必定是多学科融合的真问题。所以，希望广大教育工作者多从资源开发的角度去做好研学实践的行前工作。

参考文献

[1] 赵玉成．宁本涛：新时代，劳动教育再认识［J］．上海教育，2019（16）．

借助学科课程融合走向深度学习的实施路径

随着经济、科技及社会生活的迅速发展，新时代对国民素质及人才培养有了新的要求，2013年，教育部启动了普通高中课程修订工作。2014年，教育部基础教育课程教材发展中心在全国多个试验区开展了“‘深度学习’教学改进”项目研究，使教学活动成为能够回应时代和社会发展要求的社会实践活动。《普通高中课程方案（2017年版）》（以下简称《方案》）中明确指出新编教材“有机融入了社会主义核心价值观、中华优秀传统文化、革命文化和社会主义先进文化教育内容，努力呈现经济、政治、文化、科技、社会、生态等发展的新成就、新成果，充实丰富地培养学生社会责任感、创新精神、实践能力相关内容”。课程改革是社会发展和人才培养的需求，“深度学习”是立德树人的需求，是核心素养落地的需求，是教育质量高效的需求。而如何达成“深度学习”，除了单一学科学习任务群的方式之外，《方案》也提供了思路，即进行多领域的融合。

众所周知，没有单一正确的方法可以理解大自然和人类现象的诸多方面，相反，在理解世界时需要折中，需要对可能用到的一系列方法做出完整定义，人类社会的知识系统是一个整体。基于这样的事实和认知，我们需要打破学科的界限，通过开发一些综合型的学习项目，培养跨学科思维，形成独特的跨学科知识视野，帮助学生构建一套完整的发现问题、解决问题的思维模式，建立起受益终身的综合一体化学习习惯。

因此，本文重点探讨借助学科课程融合走向深度学习的实施路径。

一、深度学习的内涵及必要性

深度学习即深层学习，1976年，美国学者马顿（Ference Marton）和塞勒（Roger Saljo）在联名发表的《学习的本质区别：结果和过程》中首次提出了深度学习即深层学习这个概念。深度学习理论认为学习既是个体感知、记忆、思维的认知过程，也是根植于社会文化、历史背景、现实生活的社会建构过程。我国黎加厚教授认为深度学习是在理解的基础上，学习者能够批判地学习新思想和事实，并将它们融入原有的认知结构中，能够在众多思想间进行联系，并能够将已有的知识迁移到新的情境中，进行决策和解决问题的学习。因此，深度学习一定含有经验与知识的相互转化，学生既能够联想旧知和新知，并将二者有机联系起来，还能够迁移运用到社会生活情境或者虚拟的问题情境之中，进而建构成新的解决问题的办法。深度学习是以学生为主体，并全身心地参与体验，主动探究、发现、建构，深刻领会学科发展及人类发展的思维方法和历史价值，形成正确的价值观，培养核心素养，从而获得个体的精神成长。

基于深度学习的特征，深度学习促使我们重新认识学习的意义、教学内容、教师的价值，教师要不断引发学生进行深度学习，教学内容是动态的、丰富的、鲜活的。“在深度学习这里，教师与学生、学生与课程、人类知识与儿童经验、知识学习与能力培养、知识学习与品格养成、知识学习与情感需要不再是分离对立的，而是有机的一体，而教学活动则是与整全的、有意义的学生个体生命息息相关的活动。”

二、借助学科课程融合走向深度学习的实施路径

1. 以培养跨学科思维为目标：从单一线性思维习惯走向综合一体化思维模式

因学科课程多、课业负担重、课时数不够、教学任务重等多种因素，造成了学生学习普遍停留于表面化，止步于浅层学习，学习效果和学习质量难以保证的情况。鉴于此，教育研究者力图开发跨学科课程或者项目，帮助学生打开跨学科视野，培养跨学科思维，构建综合性的知识体系，改变以往单一线性的思维习惯，超越学科界限，构建受益终身的综合一体化思维模式，接受更广泛、更丰富的教育。

2017年9月教育部颁布的《中小学综合实践活动课程指导纲要》重申了该课程的基本理念是课程目标以培养学生综合素质为导向，“强调学生综合运用各学科知识，去认识、分析和解决现实问题，提升综合素质，着力发展核心素养，特别是社会责任感、创新精神和实践能力，以适应快速变化的社会生活、职业世界和个人自主发展的需要，迎接信息时代和知识社会带来的挑战”。物理、化学、生物三门学科在《课程标准（2017年版）》中对“学科核心素养”的表述均含有科学思维和科学探究，由此可以发现即使是不同学科，其本质的核心素养也可能是一致的。之所以如此，是由于学科核心素养源于核心素养体系，学科核心素养的最终目标并不在于“分”，而是在于“合”，“分”是为了更好的“合”，学生在深度学习某一学科或某几个学科之后，才能够从多学科融合的角度审视并解决某单一或跨学科问题。因此，如果掌握多种学科的共性与个性的思维模式，就可以丰富并提高我们的认知品质。这也足以说明，从单一线性思维习惯走向综合一体化思维模式是可行的。

2. 以开发综合型学习项目为重点：从专题式学习任务转向综合型学习项目

单一学科的深度学习往往通过专题式学习任务群的方式进行，例如高中语文“思辨性阅读与表达”学习任务群分解为“求异求新，观点独到”“实证理证，论据确切”“推断推导，论证严密”“证伪归谬，反驳有力”四个专题，每个专题又有四篇文章以同主题群文阅读的形式展现，之后再表达深化阅读的效果，这就是专题式学习任务的方式。要培养跨学科思维品质，要促进学生的综合化学习、批判性思考，则必须致力于开发综合型学习项目。正如施瓦布所言：“各种各样的事物尽管根据不同的研究模式区分成为独立的学科，然而，它们彼此间是相互影响、共同起作用的，不同的学科共同组成了一个复杂的、有机的结构。因此，只集中于某一学科不仅忽略了其他的学科，而且也破坏了这门学科的质量和完整性。”

项目式学习是秉持“以学习者为中心”的一种基于建构主义学习理论的情境化学习方式，能够加深学生对学习材料的理解深度。要想达成良好效果，离不开教师的精心设计。教师要预先制定出学习任务清单，学生针对任务清单，先去完成相关内容的自主学习，然后在课堂上以案例为依托，以解决问题为具体任务，以问题所涉及的学术难点为教学重点，以小组为单位，在教师引导之下，细化学习任务，解决项目中遇到的各个问题并进行分享，最后由教师进行总体点评。例如，联合国世界粮食计划署（UN World Food Programme）在世界粮食日的时候指出，“每天晚上有多达8. 28亿人在饥饿中入睡”，而且有“3.45亿人面临严重的粮食危机”。基于世界粮食问题，引导学生聚焦我国的粮食安全问题，教师制定学习任务单（见表3–11）。

表3–11　学习任务单

自主学习内容	主要观点	我的困惑或者建议
粮食安全的概念		
我国粮食安全现状		
我国粮食安全对策		

当学生对“粮食安全”的理解上过于窄化时，教师可以引导学生从“人民观、历史观、资源观、全球观、系统观”五个方面深入解读“粮食安全”，从“生产安全与生态安全、自主安全与合作安全、总量安全与结构安全、数量安全与质量安全、当代安全与后代安全”几个方面去拓展探究“粮食安全”，推荐学生阅读《中国农业展望报告（2022—2031）》及《国家粮食安全治理体系和治理能力现代化》《新时期中国粮食供需平衡态势及粮食安全观的重构》等相关文章。根据不同的项目内容，设置具体的问题，再细化学习任务，从而完成深度学习。

3. 以创新研究方法为核心：从单一学科研究走向多学科研究，进而走向跨学科研究

要做好学科课程融合，则必须在原有单一学科教研组的基础上组建跨学科教研组。在跨学科教研组中，不同专业的教师因为同一个项目而发生思维碰撞，碰撞产生的智慧火花，不仅可以点燃该项目走向深度的动力泵，还可以点燃各个学科的亮点，让每个学科都闪现出最美的光芒。这样的交互，加深了相互的了解，从而为不同学科的教师开展教科研活动创造了条件，实现了教学和科研的有机融合。多学科研究及跨学科研究的过程，也能够促进和加深对本学科的理解，进而整合和优化本学科的课程建设。跨学科有多种组合模式，所以，我们不能拘泥于固定的组成，而应该以项目建设为依托，根据需要组建临时的跨学科教研组。

总之，学科课程融合是课程改革走向深入的必然趋势，也是推动深度学习的迫切需要。要想让学习真正发生，不是简单的学科加学科，而是教师自身首先要具备跨学科思维，甚至突破所有学科界限，达到无边无际的宇宙思维模式，才能游刃有余地引导学生走向深度学习，培养其受益终身的高阶思维模式。同时，学生的学习一定要去功利化，不能被一时一科或某几科的学业成绩绊住前进的步伐。陶行知有一个重要的教育思想，即创造教育，他在1944年的时候就提出要解放儿童的创造力，也就是要把儿童的头脑、双手、嘴、空间、时间都解放出来。这实际上就是真正的跨学科思维模式下提出的教育主张。这种全面的“解放”，一定能够达成真正意义上的深度学习。

参考文献

［1］Marton F.，Saljo R. On Qualitative Difference in Learning：Outcome and Process［J］. British Journal of Educational Psychology，1976（46）.

［2］冯锐，任友群. 学习研究的转向与学习科学的形成［J］. 电化教育研究，2009（2）.

［3］何玲，黎加厚. 促进学生深度学习［J］. 计算机教与学，2005（5）.

［4］郭华. 深度学习及其意义［J］. 课程·教材·教法，2016（11）.

［5］朱立明，冯用军，马云鹏. 论深度学习的教学逻辑［J］. 教育科学，2019（3）.

［6］［美］韦斯特佰里，威尔科夫. 科学、课程与通识教育：施瓦布选集［M］. 郭元详，乔翠兰，主译. 北京：中国轻工业出版社，2008.

［7］邱静芳. 羁鸟恋旧林：读《陶行知教育名著》［J］. 师道，2010（5）.

以综合实践活动的方式推动语文学习任务群的路径探究

——以高中语文学习任务群二“当代文化参与”为例

《普通高中语文课程标准（2017年版）》中在阐述语文课程的课程性质时如此定义：语文课程是一门学习祖国语言文字运用的综合性、实践性课程。2017年教育部印发的《中小学综合实践活动课程指导纲要》中对综合实践活动课程的性质解读是：综合实践活动是从学生的真实生活和发展需要出发，从生活情境中发现问题，转化为活动主题，通过探究、服务、制作、体验等方式，培养学生综合素质的跨学科实践性课程。二者粗略比较，我们可以发现，这两门课程有一个共同特点，那就是：都是实践性课程，均强调综合。《普通高中语文课程标准（2017年版）》中提出“语文课程应引导学生在真实的语言运用情境中，通过自主的语言实践活动，积累言语经验，把握祖国语言文字的特点和运用规律，加深对祖国语言文字的理解与热爱，培养运用祖国语言文字的能力”，这里特别强调了“真实的语言运用情境”和“自主的语言实践活动”，这两点正是综合实践活动课程所要求的。综合实践活动课程特别强调学生的亲历、参与、体验，要求学生在全身心参与的活动中，发现、分析和解决问题，体验和感受生活，发展实践创新能力。这两门必修课程，在课程理念上，呈现出惊人的相似性。正因如此，笔者认为，以综合实践活动的方式融入语文课程，一定可以更好地落实语文学习任务群的学习。

一、可行性分析

（一）可支撑的理论

1. 施瓦布“作为关系的课程”“儿童在其中”的课程观

施瓦布针对“作为事实的课程”提出“作为关系的课程”，强调课程之间必须建立某种关联，借助某个问题情境或者课题，将几个课程关联起来，只有这样，科学活动才能被充分理解。他认为“课程的产生既不是虚构的，也不是抽象表述的，而是基于真实的事情、具体的事例的”。“课程资源是以特定事物和事情已有的特定情形为条件来进行感知的。由这些特定方面组成的课程不是在教室中产生的，而是在比教室有更多事情去做的学校围墙之外有气味、有影子、有环境的，能够获得更多时间和空间的场地中产生的。”“最重要的是课程假设的受益者不是一般的儿童，更不是心理学或社会学著作中所提及的某一类或某一个儿童，课程的受益者包括当地儿童，也包括当地儿童中的个别儿童。”由此可见，施瓦布的课程观除了强调关联性外，还强调实践性、综合性、自主性，而这些观点都是建立在他的“儿童在其中”的前提下。换句话来说，就是“人”必须放在课程中，而不是只有科学、只有知识。

2. 非线性、非序列性的后现代课程观

后现代课程观主要是基于普利高津、杜威和布鲁纳的建构主义的思想，认为课程是通过参与者的行为和相互作用形成的。这意味着鼓励、要求教师和学生自由地通过相互作用发展他们自己的课程。小威廉姆·E. 多尔认为“后现代课程是一种形成性的而不是预先界定的、不确定的但却有界限的课程，一种探索‘局部普遍性’（local universalities）网络所构成的课程”，他建议由“四R”，即丰富性（Richness）、回归性（Recursion）、关联性（Relations）和严密性（Rigor）作为标准来评价后现代课程的质量。多尔还就后现代课程模式提出了“3S”：科学（Science）、故事（Story）、精神（Spirit）。这个模式将课程的目标最终落实到精神上，这与我们的新课标是一致的。

（二）联系性比较分析（见表3-12）

表3-12　联系性比较分析明细

内容序号	“当代文化参与”（学习任务群二）的学习内容	综合实践活动的活动方式	综合实践活动课程指导教师可提供的方法指导
1	聚焦特定文化现象，自主梳理材料，确定调查问题，编制调查提纲，访问调查对象，记录调查内容，完成调查报告	考察探究	选题指导、访谈法、调查法、调查报告撰写指导
2	关注当代文化生活，开展社区文化调查，搜集整理材料，对社区的文化生活方式、风俗习惯、思想观念、生活演变等进行分析讨论。通过各种传媒，关注当代文化生活热点，聚焦并提炼问题，展开专题研讨，解释文化现象，积极参与社会主义先进文化建设	考察探究、社会服务、活动策划	选题指导、资料整理、问卷制作、研究方案制定、活动方案策划、制订服务活动计划
3	建设各类语文学习共同体（如文学社团、新闻社、读书会等），在阅读、表达中探析有关文化现象，拓宽视野。通过社会调查、观看演出、参与文化公益活动等，丰富语文学习的方式，积极参与当代文化生活	考察探究、社会服务、职业体验、设计制作	选题指导、指导参与公共文化服务、走进新闻媒体单位进行职业体验、社团建设

二、以综合实践活动的方式推动语文学习任务群的路径

1. 统合架构课程，有序推进学习任务群的开展

为了有序推进学习任务群的开展，必须在综合实践活动课程架构中融入语文学习任务群的学习任务。在设计这个课程框架时，必须充分参考《普通高中语文课程标准（2017年版）》中对某个学习任务群所提出的学习目标与内容以及教学建议，同时结合综合实践活动的课程内容进行综合考虑，力求所建构出来的课程能符合“开放性、综合性、实践性、探究性”的原则。“当代文化参与”项目学习课程结构如图3-1所示。这个课程架构基本上能吻合新课程的育人目标。但正如后现代课程观所言，这课程是形成性的，是不确定的，它需要教师和学生主动参与课程的架构，所以，这个课程架构也是开放性的。

图3–1　“当代文化参与”项目学习课程结构

2. 全程参与指导，扎实管理各项任务的学习过程

综合实践活动课程的指导教师全程参与语文学习任务群的学习规划，做好学习任务开展前、中、后的过程管理。无论是语文学习任务群还是综合实践活动，均没有固定的教材，但是，在立德树人方面，却有着举足轻重的地位。因为该课程的无序性、非线性特点，如果管理不到位的话，很可能会流于形式，最后看起来热热闹闹，静下来却一无所获。为了保证课程实施的实效、有效，综合实践活动课程的指导教师必须全程参与语文学习任务群的学习规划和过程管理。语文学科教师往往会更关注结果评价，评价方式会比较单一，评价手段也会比较简单。综合实践活动课程的指导教师可以按《中小学综合实践活动课程指导纲要》（下称《纲要》）所提出的评价要求去评价学生的语文学习任务群的学习情况，做到“突出发展导向、做好写实记录、建立档案袋、开展科学评价”。《纲要》明确指出，“评价的首要功能是让学生及时获得关于学习过程的反馈，改进后续活动。要避免评价过程中只重结果、不重过程的现象。要对学生作品进行深入分析和研究，挖掘其背后蕴藏的学生的思想、创意和体验，杜绝对学生的作品随意打分和简单排名等功利主义做法”。

在过程管理中，特别要强调的是“做好写实记录”和“建立档案袋”，其中“写实记录”，就是要客观记录参与活动的具体情况，包括活动主题、持续时间、所承担的角色、任务分工及完成情况等，及时填写活动记录单，并收集相关事实材料，如活动现场照片、作品、研究报告、实践单位证明等。活动记录、事实材料要真实、有据可查，为后续的评价提供必要的基础。至于如何建立档案袋，综合实践活动课程的指导教师可以和语文学科教师一起商量设计，设计出针对性强、学科特点突出、方便管理评价的档案袋，并可作为学生综合素质体现的档案之一。

3. 多元学习方式，完成任务群学习目标并落实学科核心素养

以综合实践活动为载体，以问题化、专题化、课题化的多元学习方式提升学生的科学素养，落实语文学科的核心素养。

从语文学习任务群继承的学脉基因来看，它实际还融会贯通了杜威的“做中学”（learning by doing）和克伯屈的“任务驱动”（task driven）两种重要的学习理念。因此，语文学习任务群以任务为导向，以学习项目为载体，整合学习情境、学习内容、学习方法和学习资源，引导学生在运用语言文字的过程中提升语文学科核心素养。语文学科核心素养包括“语言建构与运用、思维发展与提升、审美鉴赏与创造、文化传承与理解”四个方面。而依照我们前面所架构的学习课程，这四个核心素养均包含在里头。

问题化学习，即“引导学生从现实生活中发现问题，提出活动主题，增强在各种场合学语文、用语文的意识，多方面地提高学生的语文素养”［《普通高中语文课程标准（2017年版）》，第52页］；专题化学习，即围绕某个主题，分多个专题展开研究实践，或走访文化名人，或辩论文化热点，或进行文化职业体验，或参与文化公益活动，或组织社团活动，或探究文化现象，或设计文化品牌，等等，系列活动既达成了综合实践活动课程所提出的四大目标（价值体认、责任担当、问题解决、创意物化），引导学生深入理解和践行社会主义核心价值观，也达成了语文学习任务群“当代文化参与”的学习目标，增强了学生弘扬社会主义核心价值观的自觉性；课题化学习，即依据所架构的课程，自主选择主题，然后围绕问题，拟定课题，制定研究方案，运用调查法、访谈法等研究方法，开展实践研究，撰写研究报告，提高语文综合运用能力。

三、结语

语文学习任务群的提出，对学科核心素养的落地是很有帮助的，但如果无章无序，没有专业的引领，随机出牌，胡乱收场，则最后师生均疲惫不堪，空无所获，只落得“两泪涟涟”的结果。但如果将综合实践活动课程有机融入语文学习任务群，让综合实践活动的指导教师参与学习任务群的设计和活动指导，则必将取得良好效果，师生均能得到锻炼和成长，最终达到我们立德树人的目标。

参考文献

［1］中华人民共和国教育部. 普通高中语文课程标准（2017年版）［M］. 北京：人民教育出版社，2008.

［2］［美］韦斯特佰里，威尔科夫. 科学、课程与通识教育：施瓦布选集［M］. 郭元详，乔翠兰，主译. 北京：中国轻工业出版社，2008.

［3］小威廉姆·E. 多尔. 后现代课程观［M］. 王红宇，译. 北京：教育科学出版社，2000.

［4］张楚廷. 课程与教学哲学［M］. 北京：人民教育出版社，2003.

［5］徐鹏. 语文学习任务群的实施路径［J］. 语文建设，2018（25）.

［本文系福建省“十三五”中小学学科教学带头人培养人选立项课题“高中研究性学习促进语文学习任务群的落实研究”（课题编号：135XK047）研究成果］

第四辑

架构全面育人的高中课程体系

基于育人价值导向的高中课程体系架构

学校课程体系架构是一项庞杂的系统工程，事关教学质量及人才培养水平，也决定着学生的知识体系与能力结构。科学合理的课程体系是人才培养目标得以实现的核心。新课程改革实验以来，不少中学从不同的视角、理念、愿景出发，进行了卓有成效的教学改革，并构建了丰富多样的课程体系。如首都师范大学附属中学以“成德达才”理念为引领，构建了“基础通修+兴趣选修+专业精修+自主研修”四大课程体系。重庆南开中学以尊重学生差异为前提，以促进学生多元发展为目标，构建了“必修课程—选修课程—自修课程”和“学科课程—活动课程—隐性课程”二者互为补充、相互促进的课程设置体系。深圳中学本着“以学生为中心”的教育理念，设计了“标准课程体系、实验课程体系、荣誉课程体系”三大课程体系。但拥有这样贴合学生实际发展的课程体系的学校并不多。大部分学校还是仅仅停留于“开齐国家课程、开些地方课程、开点校本课程”的状态。近年来，《教育部关于全面深化课程改革落实立德树人根本任务的意见》《普通高中课程方案（2017年版）》《中小学综合实践活动课程指导纲要》《中小学德育工作指南》等系列文件的出台，将学校课程体系建设工作重新提到日程上来。

综合国家有关部门的文件精神及学校的人才培养目标，龙岩市第一中学在十年课改基础上构建了“基础课程+提升课程+拓展课程”三位一体的“分层次、跨年级、跨学科”的“立体式”课程体系。文章从课程设计现状分析、课程体系架构思路、课程体系架构内容等方面进行论述，探讨实现融入多种文件精神架构科学合理的课程体系，充分发挥课程育人功能的途径，对于推进高中课程体系、落实立德树人工作有着启示意义。

一、课程设计现状分析

1. 课程设计核心理念把握不到位甚至不准确

2001年9月高中新课程改革进行试点实验，2004年9月部分省份启动新课改，福建省2006年9月进入新课改，2010年全国推开。新课程改革前期，对重视学校发展及学校特色文化建设的，特别是一些重点校、老牌校，能够围绕“以人为本”“以学生的发展为本”的课改理念进行学校课程体系的创造性架构，取得了积极成效的学校，产生了较为显著的社会影响。但大部分学校未吃透课改精神，对三级课程管理模式视而不见，依然围绕“高考指挥棒”，偏重国家课程，淡化地方课程，忽略校本课程。

2. 现有课程体系跟不上时代步伐

为深化课程改革，2014年3月，教育部出台了《教育部关于全面深化课程改革落实立德树人根本任务的意见》，2017年又先后颁布了《中小学德育工作指南》和《普通高中课程方案（2017年版）》，2020年3月20日，中共中央国务院又发布了《关于全面加强新时代大中小学劳动教育的意见》。原先课程体系建设得比较好的学校，均是2014年之前建设的，我校的课程体系大概创建于2009年。2014年之后这一系列的文件精神急需融入原有的课程体系之中，进行重组或者重建。

3. 课程体系不尽合理

课程应注重从儿童成长的角度做决策，而现实是，部分课程设计从设计者本位出发，缺乏从学科体系及学生能力培养的高度进行整合的意识，也缺乏人才培养体系进行跨学科整合的意识，流于形式、各自为政、应付了事。课程缺乏创新性、综合性、连续性，还有一些甚至出现内容交叉、重复的现象，使原本就很紧张的学时数更加捉襟见肘，进而影响到学生深度学习、动手操作和社会实践的时间。

二、课程体系架构思路

1. 目标导向的“倒推法”

认真研读2014年之后的几份重要文件，要把握人才培养目标、明确符合教育规律、体现时代特征、构建具有中国特色的人才培养体系，结合学校办学宗旨，采用“倒推法”来构建，以育人为导向，分解细化立德树人目标，划入不同领域，每个领域设立相关课程、落实具体目标，同一领域内的课程具有相关性，能力层级呈现阶梯性；不同领域之间的课程具有互补性，能力层级呈现丰富性。整个课程体系架构要符合人才培养生态的课程群落特征，即兼有满足学生发展和促进教师成长两个功能。学校需充分考虑多方面需求及自身实际，架构起科学合理的、有特色、层次化的课程体系，从而有力推动学校内涵式发展。

2. 课程范围和序列的整合

范围组织向度的整合主要是通过适度的课程综合设置来体现。需寻找由值得关注的有关世界生存的重要关键问题、联系于学生需要的富有魅力的伟大事物、能够唤起学生活力潜能的吸引力话题、学科内部有生命力的话题等构成的具有赋予知识有意义的目的的、使知识情境化功能的核心问题作为用于范围组织整合的中心，其具有一定的科技渗透力、适度的张力及可开放地纳入有价值的“悬缺课程”的活力。

序列组织向度整合的重点是学习内容自身的体系结构与学习的心理程序之间的有机整合，表现在外部知识结构和内部认知结构之间，通过整合人的全部心理过程的催化中介过程，而达到的非线性对应的错综复杂的联系。整合中要摒弃两种错误偏向：一种是被目前终结性评价中的标准测验所钳制，压抑生命活力的反复枯燥的基本知识技能训练；另一种是脱离基本的知识技能训练而一味拔高的开放探究。提供开放的问题情境，包括学科知识体系内的开放问题情境，也包括跨学科的开放性综合问题情境。

三、课程体系架构内容

福建省龙岩市第一中学全面贯彻党的教育方针，遵循教育规律和学生成长规律，秉承百年老校“坚持以人为本，全面和谐发展，重在特色创新”的办学理念，坚持“创全面发展之优，示素质教育之范”的办学方向，本着“为学生未来发展奠基，为社会文明进步育人”的宗旨，培养“理想远大、人格健全、富于创新、引领未来”的社会主义建设者和接班人。忠实于国家课程标准，结合教育部系列文件精神及学校内涵发展的愿景，架构了“基础课程+提升课程+拓展课程”三位一体的“分层次、跨年级、跨学科”的“立体式”课程体系。

1. 基础课程

此类课程面向全体学生。基本素养即德、智、体、美、劳五个方面的基本素养以及《普通高中课程方案（2017年版）》提出的学生必须培养的“具有理想信念和社会责任感、具有科学文化素养和终身学习能力、具有自主发展能力和沟通合作能力”。核心素养，即培育和践行社会主义核心价值观。此类课程除了国家规定的必修课程，还有龙岩一中开发的必修课，如以工匠精神育人为核心的劳育课程，以红色文化育人为核心的国防课程，以理想担当为育人价值的生涯规划课程，以提升生命质量获得生命价值为目标的生命课程等。

国家规定的必修课程以教育部制定的课程为标准实施课程。其他特色课程再分子体系开发、开设。如，为充分挖掘劳动的育人价值，要做到以劳树德、以劳增智、以劳创新、以劳健体、以劳育美，我们建立多形态的劳育课程校本实践体系，包括六类课程：一是技术系列，包含通用技术、烹饪技术、服装设计等；二是学科交融，包含理化生、信息技术等学科实验课程、所有学科教学中的劳动教育渗透等；三是职业体验；四是生活劳动，包含学校的值日扫除和家庭生活中需承担的家务等；五是社会服务；六是学工学农，包含劳动主题的研学旅行综合实践活动。

坚持立德树人导向，提升学生综合国防素质，强化国防育人功能。国防课程分设实践课和理论课：红土润心国防实践课（军训、红色文化主题研学旅行等）、少年强则国强国防理论课（孙子兵法、军事理论、中国崛起与文化安全等）。以提升生命质量获得生命价值为目标的生命课程下设生命成长教育课程（学生层面和家长层面分别开设）、生命安全教育课程、生命感恩教育课程（见图4-1）。

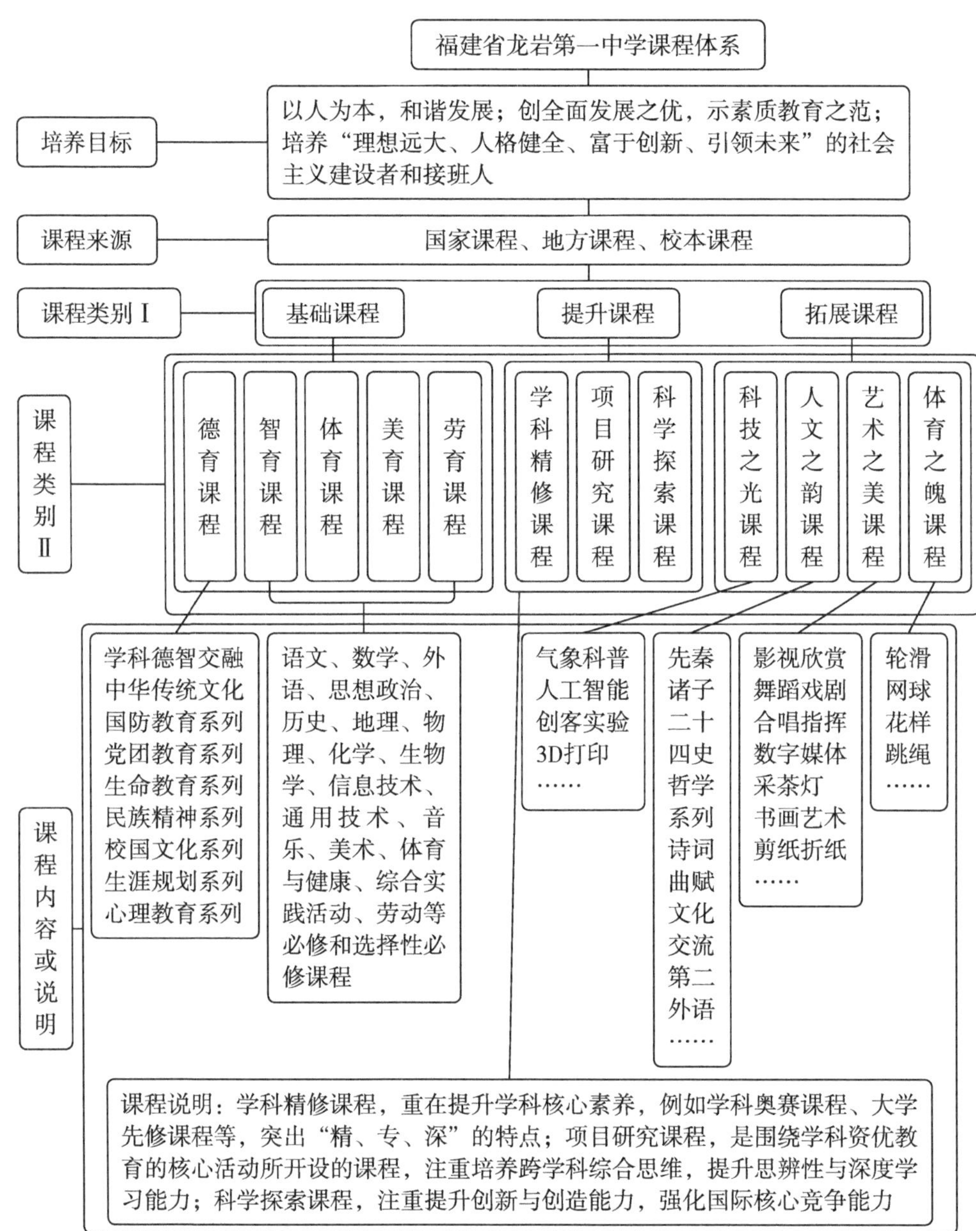

图4-1　学校课程体系

2. 提升课程

从人力资源大国走向人力资源强国的征程中，要求将立德树人、社会主义核心价值体系融入国民教育全过程。中学教育阶段是一个人世界观、人生观、价值观形成的重要阶段，而高中教育阶段又是学生个性形成、自主发展的关键时期，通过开展“德育为先、能力为重、全面发展”的动态学习活动，培养学生的价值认知能力，强化学生做社会主义建设者和接班人的思想意识和政治认同，打牢思想基础、提升政治素养。龙岩第一中学是具有百年历史的“名重八闽学界”的首批重点中学、首批一级达标中学、首批示范性高中，学风卓荦，人才辈出。依据这样的校情、学情，再综合考虑学校的人才培养目标——培养“理想远大、人格健全、富于创新、引领未来”的社会主义建设者和接班人，确立“能力提升课程”，面向学习成绩相对优秀、资质相对优异的群体。

这类课程总体上要求引领学生通过多元方式进行思维活动、理解活动和反思活动，包括：学科精修课程（提升核心素养）、专题研究课程（学科资优教育的核心活动，提升思辨性与深度学习能力）、科学探索课程（提升创新与创造能力，强化国际核心竞争能力）。

在具体设计课程时，要紧扣时代脉搏，围绕“为谁培养人、培养什么样的人、怎样培养人”三个方面做全面的考量。有些课程内容涵盖面广，既有属于基本素养课程的，也有属于能力提升课程的，例如引领学生认识美、发现美、欣赏美、创造美、传递美的“以完美人格培养为核心”的美育课程。美育，融合美的形象塑造与文化理想，提高学生审美和人文素养，弘扬中华美育精神，增强文化自信。音乐、美术以及渗透于各个学科中的美育课程内容属于基本素养课程，此外，艺术与生活、艺术与社会、艺术与科学等方面的课程则属于能力提升课程。

3. 拓展课程

全面发展的实质是个性发展。拓展课程着眼于培养、激发和发展学生的兴趣爱好，开发学生的潜能，促进学生个性的发展和学校办学特色的形成。课程设计时围绕这么几个问题去思考：个体独具的潜能是什么？个体的志趣、爱好是什么？可以从哪里生长？个体的需要是哪些？从什么层次上去发展……这些问题可以由学生回答，亦可以由老师回答。此类课程的开发与建设，可促进师生共同成长。

拓展课程开设：科技之光课程、人文之韵课程、艺术之美课程、体育之魄课程。科技之光课程包括人工智能、创客、3D打印等；人文之韵课程包括传统文化、非遗传承等；艺术之美课程包括歌舞、曲艺、话剧等艺术鉴赏或实践课程；体育之魄课程包括网球、太极拳、攀岩、轮滑、花样跳绳等传统体育项目或新兴体育类活动。

四、结语

落实立德树人的目标，实现学生全面发展，需要各门课程、各个环节协同发力。挖掘各门课程和教学活动中蕴含的德育资源，根据不同课程特色，合理嵌入育人要素，进行主流价值引领，使各类课程形成协同效应。育人导向架构科学合理的课程体系，是学校总体规划的重要组成部分，坚持课题与课程结合、教学与教研结合、开设与开发结合、学情与校情结合，加强课程体系和能力建设。要加强战略策划和前瞻规划，完善课程体系建设的运行机制和管理机制。要研究建立课程开发科研攻关等方面的组织、实施、保障体系，制定切实有效的实施方案。

参考文献

[1] 全国十二所重点师范大学联合编写. 课程论[M]. 北京：教育科学出版社，2007.

[2] 中华人民共和国教育部. 普通高中课程方案（2017年版）[M]. 北京：人民教育出版社，2017.

[3] 张楚廷. 课程与教学哲学[M]. 北京：人民教育出版社，2003.

高中生生涯规划课程整合体系及结构

“生涯规划”虽已被提出好多年，但在中学一直不被重视。直至新的高考改革方案公布，将高考科目调整为“3科统一高考科目+3科学生选课科目”，简称“3+3”，就是保持现行统考的语数外三科不变，将现行的文综、理综调整为由考生根据本人兴趣特长和拟报考学校及专业要求，从六科等级性考试科目中自主选择3科参加考试并计入高考总成绩。这就将选择报考专业的时间从高三下移到高一，同时也让考生更早地去思考自己的兴趣爱好及专业和将来希望从事的职业之间的关系。于是，生涯规划终于被重新提到重要的议事日程上来，各种与之相关的培训也增加了。但是，“生涯规划”课程究竟该如何实施？由谁来实施？很多人还是非常茫然。再加上教师往往只思考在本专业内如何渗透“生涯规划”教育，很少从跨学科、跨领域角度去思考。笔者注意到如果每个学科各自为政，会存在很严重的课程资源浪费现象。指导不仅会因为课时紧张而流于形式，而且很多环节很可能因多学科老师重复指导而造成师生时间和精力的严重浪费。为了避免这个现象的发生，笔者尝试对课程资源进行重组，希望能够给一线老师提供一点借鉴和思考。

一、理论依据

1. 有关“生涯规划”的文件

2014年9月3日，《国务院关于深化考试招生在制度改革的实施意见》（下称《意见》）的颁布，正式启动了高考综合改革试点工作。《意见》提出“生涯规划或生涯教育将成为高中生的必修课，我国将用五年左右的时间普及生涯规划教育”。《意见》明确生涯规划是必修课而不是选修课。

2017年出台的《普通高中课程方案》第9页“课程内容确定的原则”之“关联性”中提出要“增强课程内容与社会生活、高等教育和职业发展的内在联系”。这里提出了学科渗透职业生涯教育的可行性和必要性。

2017年出版的《普通高中课程方案》中的“课程实施与评价”中的第三小点“切实加强学生发展指导”明确阐述了：“学校应建立学生发展指导制度，采用专职教师与兼职教师相结合的方式，组建专门队伍，加强对学生的理想、心理、专业、生活、生涯规划等方面的指导，开展多种形式的指导活动，帮助学生树立坚定的社会主义理想信念，正确地认识自我，更好地适应高中阶段的学习与生活，处理好兴趣特长、潜能倾向与社会需要的关系，选择适合的发展方向，提高生涯规划能力和自主发展能力。”这里提出了生涯规划的师资配备要求。

2017年出版的《普通高中通用技术课程标准》第36页，选择性必修课程技术与职业系列的第一个模块“技术与职业探索”，该模块在介绍中强调：“普通高中阶段是学生进行生涯规划、职业探索的重要阶段。本模块旨在帮助学生对技术与职业世界进行探索性了解，理解技术、职业与社会三者之间的互动关系，培养正确的职业观、创业观以及成才观，形成一定的职业认识和生涯规划的能力，为适应未来职业生活和高校专业学习奠定基础。”就生涯规划来说，这个选择性必修课程可以重点开设。

教育部2017年出台的《综合实践活动指导纲要》在“职业体验及其他活动推荐主题”中列入了“高中生涯规划”。

2. 资源整合

整合就是要优化资源配置，要获得整体的最优。“资源整合”本是企业经营的一个概念，本文中是指对不同来源、不同层次、不同结构而内容大致相同、目标大体一致的课程资源进行识别、选择和有机融合，使其具有较强的条理性、系统性和价值性，并创造出新的资源的一个复杂的动态过程。

二、高中生涯规划课程整合体系

在综合分析各学科课程标准，认真解读教育部相关文件的前提下，结合学校育人目标和学生成长需要，构建高中生涯规划课程体系。

（一）生涯规划知识具有三个特点

综合性——综合自身性格、兴趣、能力及具备的优势，综合入职门槛、工作内容、工作压力、工作前景、社会地位、薪酬待遇等多角度去认识职业、走进职业。

前瞻性——结合技术变迁，能够了解未来职业可能的发展趋势。

适应性——未来不可预知，生涯规划应该是灵活的指南，以使学生无论不可预知的世界如何变化都能获得成功（见图4–2）。

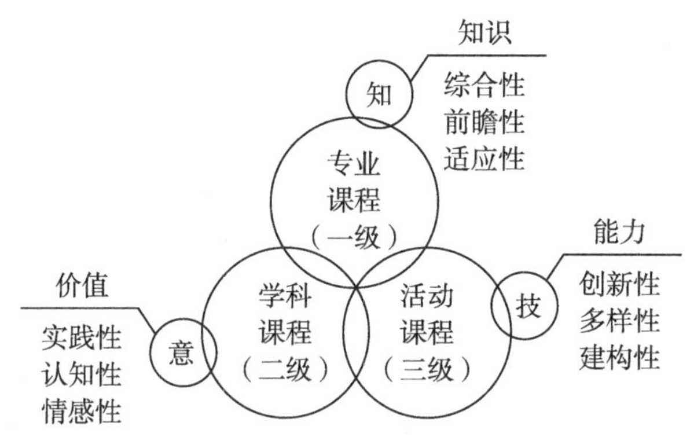

图4–2　生涯规划具备的特点

（二）生涯规划价值具有三个特点

1. 实践性

在日常生活中，在未来许多工作前景方面，学生需要过程、方法和工具，来确定主题，开展某一职业或职业群的实践体验。

2. 认知性

学习生涯规划课程可发展成高层次的思维，如批判性思维、创造力和品格思维。它们均可以被迁移到其他科目和情境中。

3. 情感性

生涯规划课程与个体生命紧紧相依，这本身就是学生学习动机的源泉，了解各行各业的职业操守，有助于学生理解世界。

（三）生涯规划能力具有三个特点

创新性——不仅指创新能力，学生还要养成积极的职业观和择业观，形成创业带动就业的意识，在“大众创业，万众创新”的时代潮流中，生涯规划能力将立于不败之地。

多样性——在生涯规划课程学习过程中，学生不可能只接触一种职业，只关注一种技能，而是会接触多个职业群体，了解多种职业的核心技能，从而促使他们积极发展多种专业能力，这样，他们就将成长为一种M型个体。

建构性——学生在生涯规划课程的学习过程中，所呈现的是主观经验系统的变化，是一个对知识主动探索、主动发现和对所学知识意义的主动建构的过程。学习者不仅仅是在接受客观的知识，更是在积极主动地建构对知识的理解。

三、高中生涯规划课程整合结构相关内容

高中生涯规划课程整合结构如表4-1所示。

表4-1　高中生涯规划课程整合结构表

课程级别	课程名称或类别	课程内容	责任人
一级课程	高中生生涯规划	介绍职业生涯的基本理论，分析现代职业的现状及其发展趋势，借用心理学量表等独特方式认知和了解自我的价值观、性格、兴趣等心理特征，体验职业生涯规划的设计过程	心理老师
二级课程	学科渗透职业生涯教育	结合学科教学内容寻找生涯规划的切入点，引导学生去讨论自己是否具备从事这些职业的基本素质，是否适合从事这些职业，或者将教学内容设计成活动型课程，引导学生从实践活动中进一步去体验相应的职业	各学科教师
	通用技术课程之技术与职业探索	该模块由“技术与职业结构”“技术与职业素养”“技术与职业选择”“技术与创业能力”四个单元组成。例如，调查某一具体职业，描述并分析该职业的核心技能，以及对从业人员职业精神和人文素养等方面的要求；学会自我评估技术素养，进行职业匹配度分析等	通用技术教师
	主题班会——职业生涯系列	高一以生涯觉察为主，高二以生涯探索和规划为主，高三以生涯决策为主。例如，高二开设学长、学姐大学专业分享班会、职业规划制定指导班会、职业生涯规划展示班会、模拟高考志愿填报活动班会、目标管理和行动管理班会等	班主任

续 表

<table>
<tr><th>课程级别</th><th colspan="2">课程名称或类别</th><th>课程内容</th><th>责任人</th></tr>
<tr><td rowspan="3">二级课程</td><td rowspan="3">综合实践活动</td><td>高中生涯规划</td><td>收集信息了解生涯规划常识，进行心理测试，通过多种途径调查了解自己的理想职业，进行职业体验，整体规划自己的职业生涯，并对其他同学的生涯规划提出建议，提升规划意识，积极为今后人生发展做好准备</td><td rowspan="3">综合实践活动课程指导教师</td></tr>
<tr><td>社会考察与生涯教育的融合</td><td>基于职业群课程认识的社会考察（含企业见习），将开展的社会考察与职业群体课程学习结合，与某一或某些职业领域结合，在考察过程中逐步对自身的职业领域、专业志趣进行比较明细的理性分析</td></tr>
<tr><td>社会服务与生涯教育的融合</td><td>参与赛会服务、扶助身边的弱势群体、做环保志愿者、做农业科技宣传员、参与公共文化服务、做普法志愿者等。例如积极参与在当地举办的各种赛会活动，在赛会活动中进行语言服务、会议服务、接待服务等多方面的志愿服务活动；走进图书馆、博物馆、公园等社会文化机构，进行志愿讲解、文化传播、图书整理、公园导览、维持秩序、图书导读等志愿服务活动</td></tr>
<tr><td rowspan="2">三级课程</td><td colspan="2">讲座</td><td>组织校友、家长进校开展职业宣讲活动；观看《开讲了》《大国工匠》等视频；请当地行业领军人物进校开设讲座</td><td>年级主任</td></tr>
<tr><td colspan="2">社团活动</td><td>记者社、报社、文学社、校园广播社、话剧社等涉及新闻业和播音、主持、表演等职业</td><td>团委书记</td></tr>
</table>

说明：在规划生涯前必须做的内向探索，认识自我方面，必须用到的一些心理量表，这部分内容由心理老师负责，通用技术课程、班会课、综合实践活动课等关于生涯规划的这部分内容就不用重复做。个人职业生涯规划的制定由心理老师、通用技术老师联合设计。大方向的指导可以由心理老师完成，通用技术老师在进行职业生涯规划的指导时，更倾向于技术素养、职业匹配度、创业素养等方面的指导。班主任可依据其对学生的了解，给予更贴合学生个性的精细指导。通用技术、班会及综合实践活动中凡是涉及体验、调查、访问、考察、实践等方面的内容，都由综合实践活动课程指导教师牵头统一指导，可事

先与其他几个学科老师合作，分类设计好统一的表格。

参考文献

[1] 中华人民共和国教育部. 普通高中课程方案（2017年版）[M]. 北京：人民教育出版社，2018.

[2] 中华人民共和国教育部. 普通高中通用技术课程标准（2017年版）[M]. 北京：人民教育出版社，2018.

[3] 中华人民共和国教育部. 教育部关于印发《中小学综合实践活动课程指导纲要》的通知 [Z]. 2017-09-27.

[4] 查尔斯·菲德尔，玛雅·比亚利克，伯尼·特里林. 四个维度的教育——学习者迈向成功的必备素养 [M]. 上海：华东师范大学出版社，2017.

[5] 曾兰银. 生如逆旅规划启航——高二职业生涯规划系列班会探索与实践 [J]. 福建教育学院学报，2018（11）.

[6] 唐盛昌，冯志刚. 资优生的必修课·社会考察 [M]. 上海：上海科学技术出版社，2017.

“课源—课堂—课程”的传统文化德育实践课程化的构建方式初探

——以闽西传统文化的传承与创新为例

“课源—课堂—课程”的传统文化德育实践课程化的构建方式，具体来说，就是以地方传统文化为课程资源，以立德树人为目标设计课堂教学活动，以系列教学活动为依托构建课程。

“改革开放40年来我们取得的骄人成绩，来自我们的文化底气，来自文化创新，更来自中华传统文化所构筑的中国精神、中国价值、中国力量。”中华优秀传统文化是十八大以来习近平总书记治国理念的重要来源。总书记指出，“中华文化源远流长，积淀着中华民族最深层的精神追求，代表着中华民族独特的精神标识，为中华民族生生不息、发展壮大提供了丰厚滋养。中华传统美德是中华文化精髓，蕴含着丰富的思想道德资源”。“牢固的核心价值观，都有其固有的根本。抛弃传统、丢掉根本，就等于割断了自己的精神命脉。博大精深的中华优秀传统文化是我们在世界文化激荡中站稳脚跟的根基。”习近平多次强调中华传统文化的历史影响和重要意义，并赋予其新的时代内涵。在对待传统文化的道德价值观方面，我们强调传承与创新发展，需要我们新时代、新青年对传统文化做出创造性的转化，并让其有创新性的发展，让“中国传统文化”走向“中华文化”。为了让这种传承与创新有章可循，有本可依，龙岩市教育科学研究院的游爱娇老师领衔组建了一个研究团队，对闽西传统文化的传承与创新开展了为期两年的研究，并对“课源—课堂—课程”的传统文化德育实践课程化构建方式进行了不断探索。

一、课源——以地方传统文化为课程资源

闽西传统文化有三条支脉：客家文化、河洛文化、红色文化。客家文化与河洛文化，又包含了民俗文化、家训文化、耕读文化、曲艺文化等；红色文化包含革命遗址文化、烈士名人文化、革命故事文化等。要想开发利用好传统文化这一课程资源，则必须深入挖掘传统文化的育人价值。发掘传统文化中“讲仁爱、重民本、守诚信、崇正义、尚和合、求大同”的时代价值，融合社会主义核心价值观，提炼地方传统文化课程的学科核心素养，开发课程资源，达成立德树人的目标。

例如，永定客家家训馆，集中展示了土楼客家人的祖训家规，细看每一条，都能获益匪浅。如孙氏家训：“忍耐全身本，勤俭立业根。能行忠与孝，福禄万年深。恭宽信敏惠，廉洁谦让温。睿智聪俊远，仁义胜贵金。品节宜详明，德行须坚贞。事理学通达，和平常存心。”从这里我们看到了《论语》中提到的“温良恭俭让”“仁义礼智信”“恭宽信敏惠”“不义而富且贵，于我如浮云”和《道德经》中提到的“后其身而身先，外其身而身存”，以及中华民族传统美德中的勤与俭、忠与孝等。永定土楼研学旅行活动，深化永定土楼家训体验，让学生初步体悟家训中的“和”文化的内涵，感受客家历史文化的源远流长。“和合理念是中华民族在历史发展的实践中形成的智慧，作为流传千载的思想精髓，和合思想渗透着中华民族处事立身的原则与智慧，深刻影响着人们的思维、价值取向和行为方式。”一花一世界，一叶一菩提，一训一民族。因此，我们完全有必要开发好传统文化中家训文化课程。

无论物质文化还是非物质文化，若要传承并创新发展，就不能仅仅停留于走马观花式的参观游览，必须结合不同学段学生的认知能力、知识储备情况，找出与传统文化相结合的契合点。为有效开发课程资源，一定要与理论结合实践。例如，依据《中小学综合实践活动指导纲要》《德育指南》等相关文件精神，深入当地传统文化集中地，拜访非物质文化遗产的传承人或者有关专家，让课程资源的开发者既熟悉国家的相关课程方案，又能够对优秀传统文化了如指掌，只有这样，才能够做到对地方传统文化的最大化、最有效的开发。龙岩

松涛小学对非物质文化遗产采茶灯的开发一例很值得借鉴。他们不仅到采茶灯的发祥地去参观，去采访传承人，甚至还将传承人请到学校来与师生进行了多方位交流。并将茶厂、茶园作为了解茶文化的体验学习点，感受知识美、劳动美，挖掘茶艺里“精、清、净、美”的礼仪美，采茶灯歌舞里的音乐美、形体美、语言美、故事美，传统文化的内涵极其丰富，就像一座金矿，用心挖下去，全是宝贝。

当地的传统文化要传承，必须先深入去了解，要创新，则必须与时代相结合。要开发课程，我们就必须与学生的发展相联系。所以，每一项传统文化，我们都要从多个角度去思考，如何让它为培育学生的德智体美劳服务，如何开发出学生所喜爱的样子，如何让它经过我们的开发就带上了我们的温度，等等。

二、课堂——以立德树人为目标设计课堂教学活动

如何理解“课堂”？两扇门、几扇窗、四面墙的一室之内才能称之为“堂”吗？随着新课程改革的不断推进、新课程理念的不断渗透，越来越多的有识之士明白，只要是教师精心设计并指导的，学生能经历其中并确实得到成长的一切教与学的活动，都可以称之为课堂教学活动。地方传统文化经过教师的提炼、设计，可以变成很好的立德树人的教材资源。

例如，松涛小学的高炜老师开设的一节“茶语时光”获得了“一师一优课”部级奖。这是一节展示汇报课。教师的设计主要体现在对龙岩非物质文化遗产采茶灯进行的角度选择和内涵解读上，教师选取茶文化中的“文化”二字将一个班级分成“追根溯源组”“小小茶农组”“时光隧道组”“茶书茶经组”“茶诗茶词组”五个小组。学生在小组合作学习、体验探究中，培养起茶文化的认同和茶文化的自信。这节课之所以会得到部级奖，很重要的一个因素是，它充分开发了当地的传统文化资源，让学生在考察探究体验之中，扩展了知识面，提高了对当地茶文化的认识，学会了茶道和采访的技能，融入了中国书法、采茶灯音乐、研学旅行活动等，增强了文化自信。

中华民族的优秀传统文化浩如烟海，灿若星辰。我们只需要就地取材，精心设计，就能开发出让学生乐于学习、乐于传承并获得成长的快乐课程。

三、课程——以系列教学活动为依托构建课程

基于地方传统文化为课程资源开发的德育实践课堂，要想避免表层思考，则必须构建系列的课程，让学生所接触的地方传统文化与已有知识相联系，教师在设计具体的活动环节时，要提出具体的任务并布置讨论要求，引导学生将信息纳入范围更大的知识框架内。这种引导，需经过系列的活动设计达成。龙岩市中小学研学点有国家级营地1个、国家级基地1个、省级基地4个、市级基地35个，课程资源非常丰富。其中，涉及传统文化的将近一半。很多研学点仅一个点就可以开发出一个系列的课程。

永定客家家训馆是龙岩市2019年开设的研学基地。家训馆所展出的祖训家规并不完全局限于永定，除了永定的19个姓氏的祖训家规，还有百家姓前20个姓氏的祖训家规，展出的形式有族谱、书法、图片三种形式。依据这些资源，可以开列出这么几个课程："家训书法欣赏""名居、名祠家训史话""祖训家规的文化内涵解读""祖训家规的家庭教育功能""族谱的史料价值""传承家训，涵养家风"。每个课程设计18课时的教学和活动内容。教学上必须采用综合实践活动的课程理念，以学生活动为主，教师指导为辅，采用小组合作学习的方式，综合考察探究、社会服务、设计制作、职业体验等学习方式，实地考察、采访，查阅文献资料，联系当代、联系自我，集体探究，多层面、多维度，开展研究实践，教师从深度、广度、温度、梯度上去指导，把家训文化系列课程开发成学校的特色精品课程，落实立德树人的育人目标。综合自评、他评、师评开展课程评价。"他评"中，"他"包含其他同学、家长、社区居民。学生的研究成果要物化，可以是研究论文、调查报告、影音短片、宣传海报、文创作品等。

学生通过自己的研究实践到最后的成果物化，精神上所受到的洗礼，一定是其他任何课程都达不到的效果。"传统节日周期性的复现，薪火相传地延续着我们民族的文化自信、价值坚守和不灭信仰。"闽西各地特别是客家的传统节日更是精彩纷呈，各个学科互相渗透，共同开发，可以极大地发挥传统节日的立德树人功能。可见，传统文化德育实践课程化是让立德树人这个目标落地的非常有效的途径。

参考文献

［1］高飞. 增强文化自信，实现文化自强——改革开放40周年文化思想浅谈［C］//中共沈阳市委、沈阳市人民政府、国际生产工程院、中国机械工程学会. 第十六届沈阳科学学术年会论文集（经管社科）. 中共沈阳市委、沈阳市人民政府、国际生产工程院、中国机械工程学会：沈阳市科学技术协会，2019：3.

［2］孙红姐. 中华优秀传统文化中和合思想的时代价值［J］. 淮海工学院学报（人文社会科学版），2019（7）.

［3］徐晓莉. 传统节日的教育策略［J］. 小学教学参考，2019（21）.

发挥地缘优势，精选教学模块

——福州一中与高校协同开设《通用技术1》的实践模式

“通用技术是指当代技术体系中较为基础、在日常生活中应用较为广泛、育人价值较为丰富并与专业技术相区别的技术，是学生适应社会生活、高等教育和职业发展所必需的技术”［《普通高中通用技术课程标准（2017年版）》，下称《课标》］，通用技术课是国家必修课程。

福州一中基于高中生发展的多元取向，利用校址地处大学城的地缘优势，与福州大学机电工程实践中心协同开设了《通用技术》课。

一、课程内容丰富，学习方式多样，核心素养落实

1. 学分落实

高一下学期、高二上学期分别集中两天半的学习时间，每次18学时，共36学时，依《课标》可得2个学分（《通用技术》有2个必修模块，共3个学分）。

2. 内容落实

高一年级，两天半共设置10个学习体验项目：车削、铣磨、焊接、锻压、数车、特种、3D打印、钳工、数铣、铸造。课程内容涉及必修、选择性必修和选修。

（1）依《课标》，必修《技术与设计1》，要求掌握简易木工、金工、电子电工常用工具的一些使用方法，了解1—2种数字化加工设备（如激光雕刻机、激光切割机、三维打印机）的使用方法。根据设计方案恰当选择加工工艺，制作一个简单产品的模型或原型，如开设3D打印课和特种（含激光雕刻和

激光切割）。

（2）依《课标》，选择性必修《电子控制技术》，要求熟悉常见的焊接工具及辅助材料的特点，掌握一种焊接方法。

（3）依《课标》，选择性必修《职业技术基础》，其中“材料及其加工”单元，要求比较几种常用材料的感觉特性、功能特性与加工方法，学会合理利用材料的特性进行产品设计和材料规划与加工。如钳工课，学生在铝片上进行材料规划和产品设计，然后选择合适的工具进行加工。

（4）依《课标》，选择性必修《职业技术基础》和《创造力开发与技术发明》等课都要求学生会利用数控车床、数控铣床、数控磨床及激光切割机、激光雕刻机和三维打印机等设备进行设计成果的物化实现或者进行模型制作。

（5）依《课标》，选择性必修《产品三维设计与制造》，要求通过亲身体验感悟三维打印技术对自然和人类的生产、生活方式产生的影响。正确、安全地操作三维打印机。知道获得三维打印模型数据的途径，用图样方式表达采用FDM（Fused Deposition Modeling，熔融沉积成型）技术进行三维打印的实施流程。

（6）依《课标》，选修课程《传统工艺及其实践》，其中“金属造型工艺”单元，要求了解金属造型工艺的工艺特点，知道金属加工的材料属性、基本原理与技术方法。了解金属造型工艺的市场价值与人文价值，知道金属造型工艺中矿产开采、冶炼、模具浇铸、锻造、焊接、切割、常规机械加工、手工金属加工等技术中的一般技术方法，并选择1—2种加以实践。

3. 素养落实

《课标》明确指出，通用技术学科的核心素养主要包括技术意识、工程思维、创新设计、图样表达、物化能力5个方面。该课程的目标设定为：学生通过本课程的学习，能获得未来发展、终身学习、美好生活和担当民族复兴大任所必需的学科核心素养，成为有理念、会设计、能动手、善创造的社会主义建设者和接班人。学生在这两天半的学习体验过程中，能够初步形成对技术的亲近感及工艺选择和物化能力，能够领悟基本的技术思想，略微感受到技术问题的解决过程的艰巨性和复杂性，特别是在练习锻压过程中，学生费了好些功夫，也无法按老师的要求把长方体锡块锻压成正方体锡块。在学习体验钳工的时候，很多学生对自己的设计成果进行不断打磨，手臂酸了，手指磨粗糙了，都没有轻易放弃，表现出了一种严谨细致、精益求精的工作态度，这对培育工匠精神、增强劳动观念很有帮助。在两天半的学习过程中，每个工种体验之前都进行了规范的安全教育。在老师讲解和演示过程中，强调安全意识和规范意识、环保意识；在对产品进行设计时，强调创新意识；在对成果物化或者产品加工时，渗透质量意识、经济意识。

二、立足学生发展，充分挖掘资源，开好国家课程

（一）所学不只是技术，更是一种文化（学生）

短短两天半时间，即使加上高二时的两天半时间，充其量就五天时间。在这些工程师眼里，五天时间哪怕学一个工种的一个工艺，都无法真正学会。但是，我们经历这两天半，所学到的真的不只是那一点点技术。

1. 带教工程师熟练的技艺触发心灵的叹服

带教工程师示范操作时，无论是翻转锡块、填充型砂，还是操作数控车床、数字软件，那熟练的动作背后所折射出来的对技术的热爱之情和敬畏之意，对学生的影响是高于技术的。

2. 实践体验之后对技术有了更深层次的理解

看似简单的操作，自己一动手，才发现古人说得没错：“事非经过不知难。”明明精准设计的图案，但在物化之后，却发现就是跟自己想的不一样，果然是“失之毫厘，谬以千里”。任何一台机器，每一个零部件，都是无数技术人员智慧与责任的结晶，容不得任何一个环节出一点差错。正如《超级工程》给我们展示的一样，那一个个令国人深感自豪与骄傲的举世瞩目的超级工程，无不在告诉我们一个道理：每一个平凡的工作岗位，都会诞生不平凡的人；每一个不平凡的成绩背后，都有无数平凡的人。

3. 多维度人才培养机制引发的深层次思考

机电工程实践中心并不是只为机电专业的学生提供实践机会的。实践中心楼厅、廊道的墙上，都展示出该中心建设的初衷及所体现的价值。该中心注重以学生为中心，强化工程意识，以培养学生的创新思维和综合工程实践能力为重点，促进创新、创业型人才的培养，为工程技术人才提供深度实践的坚实平

台，为文理融合人才提供工程素质拓展和学科融合的空间。其按“厚基础、高素质、多样化、强能力、重创新”的人才培养目标培养出来的工程师、复合型人才及拔尖创新人才是实现中华民族伟大复兴所不可缺少的人才。

（二）付出不只是汗水，更是一种关爱（教师）

每一所学校都有特定的环境，总有它独特的地域优势或者地缘优势。作为教育工作者，若没有怀着对学生无比的关爱之心，没有心系学生完整幸福的人生，是不会“吃饱没事干”去开发这些课程资源的。每一个资源的开发，不是光有想法就可以的，没有跑断腿、流尽汗、碰破头，好多事情还真的是办不下来。您可以羡慕福州一中地处大学城的独特优势，但您更应该羡慕福州一中有这么一批乐意为学生的成长负责任的教育工作者。

（三）课程不只是教材，更是一种灵魂（学校）

“通用技术”作为一门课程，与其他国家课程并无二致。它有课标，有教材。但是，如果仅仅停留于教材，这门课程就非常容易被教死、被学死。只需要会考的科目，要应付过去是很容易的，特别是对这么优秀的福州一中广大学子来说。但是，福州一中没有应付。无论是新课标发布之前还是之后，它始终秉承着自己的办学理念，立足于学生的发展，立足于学生的生命成长，在课时数十分紧张的情况之下，依然划出了两天半的时间厚待它。这里所体现的就是一所学校的灵魂。

综合实践活动项目式课程：含义、设计与实施

1996年，原国家教委颁布了《全日制普通高级中学课程计划（试验）》，将课程分为学科类课程和活动类课程，活动类课程包括校会班会、社会实践、体育锻炼、科技、艺术等。这份计划在江西省、山西省和天津市进行试验后，于2000年1月，教育部颁布了《全日制普通高级中学课程计划（试验修订稿）》，明确规定："综合实践活动是国家规定的必修课，包括研究性学习、劳动技术教育、社区服务、社会实践四部分内容。开设综合实践活动旨在让学生联系社会实际，通过亲身体验进行学习、积累和丰富经验，培养创新精神、实践能力和终身学习的能力。"2001年4月教育部组织研究制定了《普通高中"研究性学习"实施指南（试行）》，强调要"激发学生主动探索、研究实际问题的兴趣，为学生潜能的发挥和实践能力的培养营造支持、鼓励与开放的环境，促进学生的发展"。"要求学生必须走出课堂、走出校门，积极地开展社会调查研究和实践活动。"

党的十八大和十八届三中全会提出，要将"立德树人"的要求落到实处。2014年教育部印发《关于全面深化课程改革落实立德树人根本任务的意见》，提出"教育部将组织研究提出各学段学生发展核心素养体系"。2016年9月，《中国学生发展核心素养》颁布。核心素养是指"学生发展核心素养"，即适应终身发展和社会发展所需要的必备品格和关键能力。因多种因素导致综合实践活动一直无法常态开设。2017年，为确保综合实践活动课程全面开设到位，教育部印发了《中小学综合实践活动课程指导纲要》（下称《纲要》），并出

台文件，要求教师认真学习，“切实加强对综合实践活动课程的精心组织、整体设计和综合实施，不断提升课程实施水平”。《纲要》特别强调要“充分发挥中小学综合实践活动课程在立德树人中的重要作用”。

何谓“立德树人”？立德，就是坚持德育为先，通过正面教育来引导人、感化人、激励人；树人，就是坚持以人为本，通过合适的教育来塑造人、改变人、发展人。学校要搭建课堂教学、校园文化和社会实践多位一体的育人平台，促进青少年学生学会劳动、学会勤俭，学会感恩、学会助人，学会谦让、学会宽容，学会自省、学会自律。

更新知识观念是一种世界趋势。国际上多数国家、地区与国际组织都认为，以个人发展和终身学习为主体的核心素养模型，应该取代以学科知识结构为核心的传统课程标准体系。“核心素养”模型的建构已经完成，如何将其落实到学校教育中，实现“学科教学”向“学科教育”的转向，将成为改革重点。

基于上述的政策背景、课程改革背景、国际形势背景，我们发现实施综合实践活动项目式课程已经十分必要。学生需要发掘自身潜能、身心得到健康成长、素质得到全面发展，国家需要培养德智体美劳全面发展的社会主义建设者和接班人。艾青说：“为什么我的眼里常含泪水？因为我对这土地爱得深沉。”梭罗说：“如果你不觉得脚下这方沃土比这个世界上任何地方的泥土更芬芳，那么你就不值得有所期待。”这说的就是一个词：爱国！我们的青年必须爱国！必须有像彭士禄那种“只要祖国需要，随时愿意牺牲一切”的爱国情怀！综合实践活动课程最重要的一个目标就是价值体认，而实施项目式课程可以集中做好“立德树人”的落地工作。

一、含义解析

1. 如何理解“项目”

一般对“项目”二字是这么解释的：项目是人们通过努力，运用各种方法，将人力、材料和财务等资源组织起来，根据商业模式的相关策划安排，进行一项独立的一次性或长期无限期的工作任务。美国项目管理协会出版的《项目管理知识体系指南》中说：项目是为创造独特的产品、服务或成果而进行的体系化的工作。简单来理解，“项目”就是以成果为导向的工作。

2. 如何理解“课程”

“课程”有广义与狭义之分。广义上，课程是对主体产生积极影响的各种因素的总和；狭义上，课程是学校场域中存在和生成的有助于学生积极健康发展的教育性因素以及学生获得的教育性经验。

3. 如何理解“项目式课程”

项目课程（project-based curriculum）是2013年公布的教育学名词，是指以工作任务为中心选择、组织课程内容，并以完成工作任务为主要学习方式的课程模式。它是基于现实世界，以学生为中心，设计学习情境，以问题为导向，合作完成项目。学生必须整合自己各个学科的知识和生活经验，和团队配合来解决问题。学生必须进行探究、沟通、创新、协作，才能完成项目。

二、项目式课程设计的模式、原理

1. 设计模式

过程模式，为20世纪70年代美国课程理论家斯腾豪斯所提出（见图4-3）。

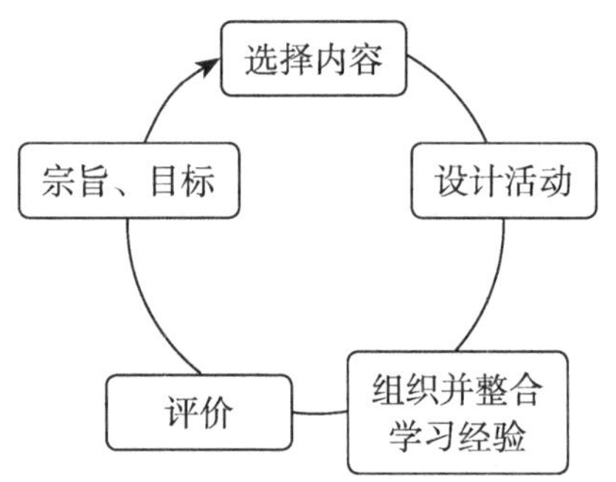

图4-3　综合实践活动项目式课程开发模式

2. 理论依据

（1）进步主义教育理论（反对绝对的、客观化的、价值中立的知识和技能的灌输与训练，提倡注重儿童自由、兴趣、能力的发展与培养，即教育目的不只是对外显行为的机械训练，而更重要的是对个体心智的发展）。将其作为课程设计。过程模式确立了关注内在价值而非外在手段的教育哲学观。

（2）发展心理学（儿童不只是知识的被动接受者，还是主动探究者，学习过程是个体能动地与外界环境交互作用的过程）。

3. 设计理念

依据长期的实践，提炼出“综合实践活动课程塔式设计理念”（见图4–4），即以核心素养为导向的基于教育哲学的课程设计。教育哲学：关注内在价值而非外在手段。核心素养：社会责任感、创新精神、实践能力。课程设计：面向学生个体生活和社会生活，关注学生主动实践和开放生成。

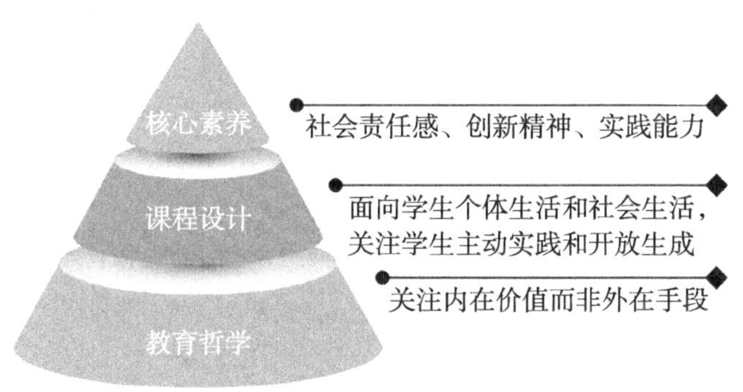

图4–4　综合实践活动项目式课程塔式设计理念

4. 开发模式

过程模式的逻辑起点是内容的选择而非目标的预设。其程序原则是：教师从事教育活动的价值表现在活动过程之中而不是结果之中。过程模式的目标及程序原则主要指向课程设计方式上的指导及课程实施过程的方法及原则上的规范，而非着眼于具体内容及后果的预设及控制。因此，综合实践活动项目式课程开发模式：选择内容—设计活动—组织并整合学习经验—评价—宗旨、目标。

三、实施路径

（一）综合实践活动项目式课程教学实践六要素

综合实践活动项目式课程教学实践是以“核心素养、关键能力、全人成人”为目标追求，含有“生态整合、课堂文化、选择设计、参与指导、多元评价、拓展提升”六要素（见图4–5）。以“生态整合”为设计取向，在项目设计时，要关注人与环境（自然、社会）质性互动，构建以人文引领的和谐课程观的课堂文化，然后选择活动主题，进行跨学科融合设计，教师必须参与全过程指导，采取“自评与他评相结合、过程评价与结果评价相结合”的多元评价，最后拓展提升，挖深度、拓广度，促进持续发展。

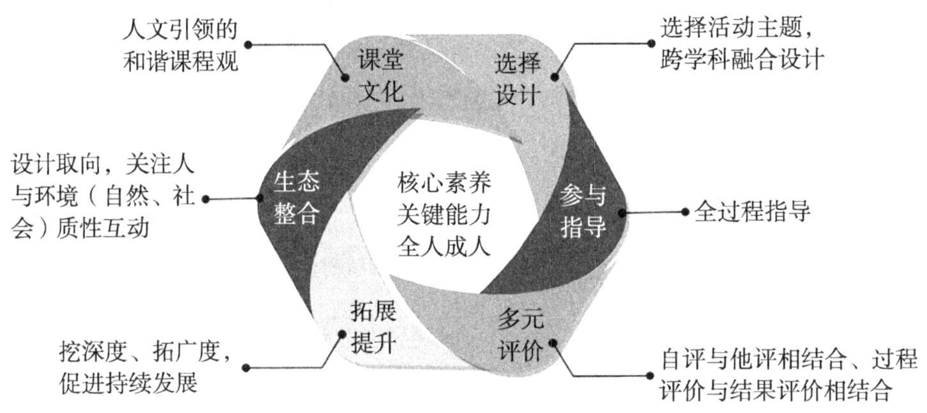

图4–5　综合实践活动项目式课程教学实践六要素

（二）专题教育跨学科融合转化的可行性路径

1.“124转化路径”（见图4–6）

围绕活动主题，从多维度和跨学科两个角度进行思考转化。“多维度”“124转化路径”主要是从时间维度和空间维度考虑；“跨学科”主要从学科领域和学术领域考虑。

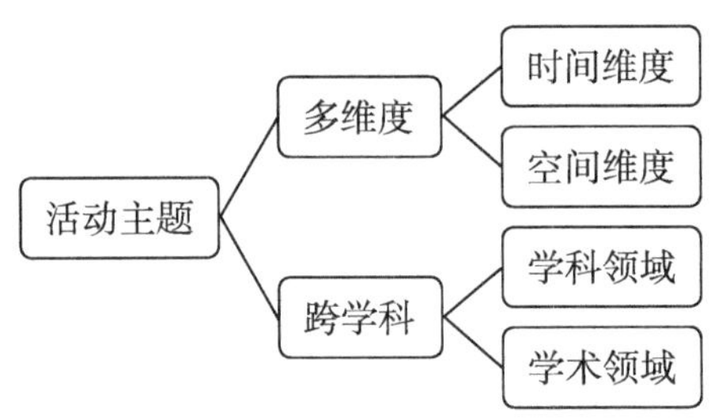

图4–6　“124转化路径”活动主题

例如，以“土楼文化”为例，从时间维度去转化，可以转化成“土楼的历史与人文”；从空间维度去转化，可以转化成“南靖土楼与永定土楼的对比研究”；从学科领域去转化，可以转化成“土楼家风家训与社会主义核心价值观的融通”；从学术领域去转化，可以融合社会学、经济学、建筑学、艺术学，转化成“以动漫《大鱼海棠》为例探究客家文化精神元素的经济学及社会学效应”。

2.“四维度四导向”转化路径（见图4–7）

围绕活动主题，从“思、学、做、研”四个维度进行跨学科融合转化。思，思考，即以问题为导向，围绕“是什么、为什么、怎么办”进行思考、设计课程；学，广泛学习，即以价值为导向，围绕“科学价值、核心价值、社会价值”进行设计课程；做，采访、服务、宣传，即以能力为导向，含设计制作、歌舞书画等各种技术或艺术创作活动，所设计的课程侧重提升学生的表达能力、创新能力、实践能力；研，科学研究，即以素养为导向，主要含有信息素养、科学素养、跨学科整合素养，所设计的课程侧重培养深度思维、高素质人才。

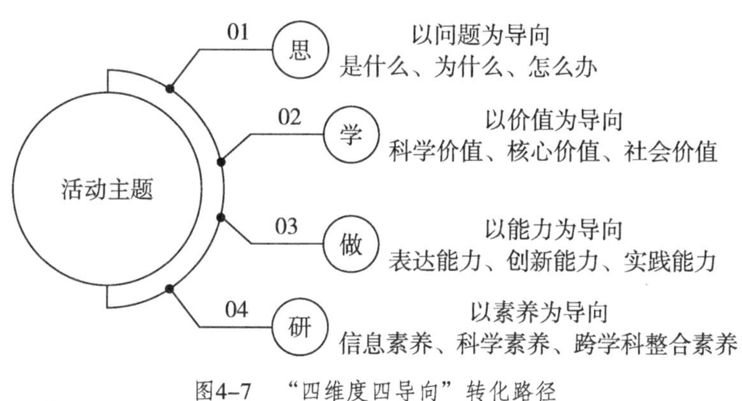

图4–7　“四维度四导向”转化路径

问题是由信息引起的。当信息量足够大时，就会产生问题。例如当我们看到这么一则新闻：“2022年3月初，青山‘伦镍’事件出现衍生品在交易市场发生史诗级逼空行情，震动全球，其跌宕起伏的情节远超任何商业大片。”这是一个怎样的事件？什么是衍生品？衍生品有什么特征？这个事件对金融市场有什么影响？为什么会对金融市场产生影响？问题该怎么解决？通过查找、观察，回答“是什么”，通过分析、检验，回答“为什么”，通过定策、施策，解决“怎么办”。这就是从“思”的维度推进课程的完整路径。

再补充阐释一下“学”。“学”强调的是以大量的输入为主，广泛学习，围绕一个主题，查阅大量的文献资料、政策资料，阅读不同部门的决策、不同领域专家的思考，了解主题之中的主体、客体，了解历史背景、当下现状、未来展望，立足广泛的学的基础上，扩大知识面，引发深层次的思考。所以，学科学文化，深化国家认同、增强民族担当；学核心价值，体悟个人成长与职业世界、社会进步、国家发展、人类命运共同体的关系，践行社会主义核心价值观；学规划未来，激发个人成长的斗志，促进综合素质持续发展。

综合实践活动项目式课程的设计与实施，都是依托跨学科研究的理论，即复杂性、视野选取、共识以及整合的理论。艾伦·雷普克与里克·斯佐斯塔克合著的《如何进行跨学科研究（第二版）》中对跨学科研究理论有详细的阐述。将这些理论运用到我们的综合实践活动项目式课程实施中，就是指所选择的项目具有复杂性，一定是涉及诸多方面的，进行思考时不是从自己的视角去看问题，而是必须从涉及的多个学科的视角去看问题，最后达成共识，再进行整合。

［本研究为2022年度龙岩市综合学科专家工作室课题“全面育人导向下主题教育跨学科融合实施策略研究”（课题编号：ZJKT2022016）的研究成果］

第五辑

实践探索案例

弘扬民族精神主题教育综合实践活动

一、项目概述

《中小学综合实践活动课程指导纲要》指出可以将有关专题教育转化为学生感兴趣的综合实践活动主题，让学生通过亲历感悟、实践体验、行动反思等方式实现专题教育的目标。这就告诉我们两个关键点：第一，必须把专题教育转化为学生感兴趣的综合实践活动主题；第二，实现途径：亲历感悟→实践体验→行动反思（见图5-1）。

图5-1　弘扬民族精神主题教育综合实践活动

该项目选取“革命传统教育”这一专题教育内容作学科转化处理，将其设计成“弘扬民族精神”综合实践活动主题，打破学科界限，鼓励学生跨领域、跨学科学习，通过历时两个月的研究实践，学生不断拓展活动时空和活动内容，自己的个性特长、实践能力、服务精神和社会责任感不断获得发展。

教学片段为主题实践活动的最后阶段，学生汇报、展示研究实践过程及体会（见图5–2）。

图5–2 “弘扬民族精神”综合实践活动

二、教学分析

“才者，德之资也；德者，才之帅也。”立德树人，人无德不立。育人的根本在于立德，这个“德”既有个人品德，也有社会公德，更有报效祖国和服务人民的大德。德“立”了，人才能“树”起来，才能真正成为对国家、社会有用的人才。《中小学综合实践活动课程指导纲要》提出，要“充分发挥中小学综合实践活动课程在立德树人中的重要作用”。综合实践活动课程自主性、实践性、开放性、整合性、连续性的特点，能够让学生深入去体悟一种抽象的精神，培养一种高尚的情怀（见图5–3）。

图5–3 民族精神故事宣讲

学生在参与“弘扬民族精神主题教育综合实践活动”的过程中深化国家认同、文化自信，初步体悟个人成长与国家发展的关系，强化对中国共产党的认识和感情，具有中国特色社会主义共同理想和国际视野。

综合实践活动是培养学生综合素质的跨学科实践性课程。“综合”，即告诉我们要以德育为首，五育并举，需跨学科渗透融合分解主题，多维度、多向度分析研究课题，采取这种跨学科多维度架构的方法，就可以把专题教育成功转化为学生感兴趣的综合实践活动主题。以“弘扬民族精神”为例进行转化：

（1）将革命英雄故事以小品、歌舞等形式加以演绎（所跨领域：史料研究、文学创作、艺术表演、活动策划）。

（2）制作“名画与民族精神”“名曲与民族精神”的微视频（所跨领域：音乐、美术、信息技术、配音配字）。

（3）民族精神相关文创作品的鉴赏及设计制作（所跨领域：文献学习、参观考察、美术、信息技术、设计）。

（4）研究影片中的民族精神（所跨领域：电影是综合的艺术，涉及剧本、表演、角色、镜头、音效等）（见表5–1）。

表5–1 学生的选题及小组成员

班级	序号	课题/项目	组长	组员
7	1	民族精神文创作品鉴赏	阙萍英	古丽艾则孜、李婷
7	2	民族精神文创作品设计	吕雪珲	卢冠乔、张闽粤、郑梓源、杨丽珍、戴雨杉、林宏炜、李恒升、陈璐雅
7	3	影片中的民族精神	龚浩东	许洪瑞、林钰涔、刘可、赖威、吴家豪、陈友雄、江炬烽
7	4	影片中的民族精神	林璐莹	罗明灿、高书影、练思嘉、李清兰、刘畅
7	5	民族精神故事宣传	郭熙然	林佳宏、刘远涛、陈润祺、夏穆迪尼·买买提、张楚明、林子轩、陈宇康
7	6	民族精神场馆参观考察	蓝逸睿	张烨、张若一、潘文磊、罗海涛、魏宇恒
7	7	弘扬民族精神现实意义及现状调查	林诗婷	蔡琳、张嘉滢、卢佳瑜、陈娅文、陈可渝
9	1	党建电影赏析	赖鑫艳	邓雯菁、简小雨、谢睿珍
9	2	民族精神主题歌曲演唱	郭唯一	赖佳扬、吴忆莲、林江艳、蔡云婷、陈梓昂

续 表

班级	序号	课题/项目	组长	组员
9	3	弘扬民族精神的现实意义及现状调查	苏谌斌	江幸旸、王志勇、罗思宸、夏宸磊
9	4	影片中的民族精神	廖鋆荣	童文降、刘泽禹、温欧瑞
9	5	民族精神故事宣讲	杨昊	章宁桐、卢君含、张旺华、吴宇、李锦豪、陈耀辉
9	6	民族精神继承与发展的历史文化调查	苏信宁	张健潮、邹智、叶尔加那提
9	7	影片中的民族精神	李安妮	祖丽胡玛尔、江颖、陈雨萱、王诺琳
9	8	民族精神主题小品表演	邱喆雅	吴子涵、张宇闽、游丰轫、林子泽、郑涵晟、卢昱辰

三、教学过程（成果汇报展示课）

教学过程概述如表5–2所示。

表5–2　教学过程概述

教学环节	教师活动	学生活动	设计意图
前情回顾	回顾前期师生们围绕“民族精神”主题所开展的各项活动，充分肯定同学们的努力付出，并期待同学们也能精彩展示	和老师一起回顾之前的学习、研究、体验过程，并做好展示的心理准备	这一环节承上启下，既对学生之前的努力作充分的肯定和鼓励，并顺带引出各个小组多层次、多维度的学习体验方法，在总结的同时启发学生思考，也同时自然带出本节课的展示汇报任务
展示分享	（1）组织学生以小组为单位进行成果分享汇报。 （2）指导学生学会通过撰写反思日志、心得笔记等方式，反思成败得失，提升个体经验，促进知识建构，并根据同伴及教师提出的反馈意见和建议查漏补缺，明确进一步的探究方向，深化主题探究和体验	汇报小组派代表进行展示汇报，其他学生认真聆听。 展示小组有：《影片中的民族精神》《民族精神故事宣传》《歌唱民族精神》《民族精神文创作品鉴赏》等	这节课属于成果展示汇报课，之前重点指导学生选择合适的结果呈现方式，鼓励多种形式的结果呈现与交流，因此“分享、交流”环节重点希望学生能够系统梳理并呈现活动过程和活动结果，同时促进学生自我反思与表达、同伴交流与对话

续 表

教学环节	教师活动	学生活动	设计意图
交流评价	（1）以促进学生综合素质持续发展为目的设计与实施综合实践活动评价。 （2）及时组织学生互评。 （3）对学生的展示情况进行点评。对学生作品进行深入分析，挖掘其背后蕴藏的学生的思想、创意和体验	汇报小组可以对本组的研究体验工作及汇报情况作自评，其他组的成员对展示小组做出客观公正的评价	综合实践活动情况是学生综合素质评价的重要内容。要坚持评价的方向性、指导性、客观性、公正性等原则。评价环节突出发展导向，促进学校及教师把握学生的成长规律，了解学生的个性与特长，不断激发学生的潜能，为更好地促进学生成长提供依据
总结	习近平总书记指出，“中国人民在长期奋斗中培育、继承、发展起来的伟大民族精神，为中国发展和人类文明进步提供了强大精神动力”。如今，国内外形势正在发生深刻复杂的变化，正经历百年未有之大变局，我们在拥有重要战略机遇的同时，也面临许多前所未有的困难和挑战。努力创造属于新时代的光辉业绩，需要弘扬优秀的中华民族精神，激发伟大创造精神、伟大奋斗精神、伟大团结精神、伟大梦想精神在共筑百年梦想中的内生精神力量	学生认真聆听，并作积极反思	“总结”环节对这堂课来说属于画龙点睛之笔，目的在于让本节课的参与者明确本节课的要旨。对这项德育主题实践活动来说，这里的总结环节则是对整个活动主旨的重申和升华，让该项活动的意义更加凸显

四、教学反思

教师，被称为人类灵魂的工程师。教育，被称为一个灵魂唤醒另一个灵魂的事业。所以，我们不可以对各种主题教育活动持应付的态度，而应该主动融入，去理解、去整合、去挖掘各种资源，让各种活动都变成可爱的课程。这就是我想说的：塑魂必须走心。教育是双向的，教师与学生都可以成为教育活动的受教育者。因此，我提倡的是：要变被教育者为教育者，变被动受教育为主动受教育，教育者和被教育者合二为一，充分发挥学生的主观能动性，让学生在参与课程开发的过程中完成受教育过程。教育，是灵魂的舞蹈!

“在活动之前，民族精神一词虽然并不陌生，但我内心对它并没有多大的感受。经过这一次难忘的综合实践活动，我对民族精神的理解又深了一层。民族精神不是虚无的口号，不是生硬的概念，它是具体的、多样化的，植根在每一个中华儿女的心中。”高一（7）班练思嘉同学的反思笔记让我们看到，将专题教育开发成主题综合实践活动，可以让学生真正参与其中、融入其中，主动接受教育，深刻理解社会主义核心价值观。

教师要开展好一个主题教育综合实践活动，必须把握好三个关键词：参与式、主观能动性、用心。还必须学会处理三种课程资源：开创性地用好现成课程资源、创造性地发掘潜在课程资源、独创性地开发特色课程资源。这样，每一次活动，我们收获的，不仅仅是综合素质提高了，更宝贵的是，师生均能得到灵魂的洗礼。

五、学生行动反思反馈

在这次的活动中，我也同样从同学们的成果展示中了解到了更多的知识。我们班长那个小组介绍的民族精神小故事更是让我印象深刻，在他们的叙述中，民族精神不再是一个印在所有人心中模糊而又抽象的概念，它挣脱了世人给予它的定义，真实地出现在了那些古老的历史中，它的身影处处都有，我们每每都能寻到它的踪迹。而在我们的小组中，民族精神则出现在了我们的文创作品中，在我们的笔下体现得淋漓尽致，就像是跳动的小精灵，灵动却又让人不由得对此感到伟大。可爱圆润的线条将那些残忍的历史柔化，使它们存在于纸上，但是却无法让那无私伟大的民族精神随之变淡，反而更衬托出了它们的不可或缺。

这次的研学活动真的让我颇有感触，不仅仅让我见识到了民族精神的重要性和作用，也让我从同学们的思考和探究中真真切切地发现了民族精神其实一直存在于我们身边和那些历史中，看似遥不可及的民族精神，其实早就近在身边，只是它未曾露面，总是像那鲜艳的红烛一般，默默地燃烧，发挥自己的余热来照亮我们的未来，照亮中国的未来！

——龙岩一中2024届高一（7）班　张闽粤

我们小组就爱国主义这一核心精神，从影片中深入挖掘伟大爱国精神。

我们深入研究了《1921》和《革命者》这两部影片，因为它们同样讲述革命时期。1921年，东方的地平线上，一抹骄阳冉冉升起，中国共产党诞生了，仿佛一道曙光划过夜空，在东方闪烁。百年来，他们敢为人先，阔步向前，劈波斩浪，开辟航向。

我们看见上海，十里洋场之上，租界林立，各方势力嚣张跋扈，百姓生活困苦不安。我们看见年轻的热血青年们，怀着救国救亡之心，把青春的理想、心中的共产主义信念融入行动之中，从各方面为革命贡献。我们看见在浙江嘉兴南湖的那几个隐隐约约的身影，他们就这样排除万难，凝聚力量，建立起中国共产党，为中华民族的历史掀开了崭新的一页。数载光阴里，一叶孤舟将红色染遍大江南北。

看着那些革命者、共产党人从血雨腥风中走出来、从枪林弹雨中走出来，经历无数血与火的洗礼，从力量涣散到凝成强大合力，带领中华民族儿女走向一个又一个胜利、一个又一个辉煌。我们深深感到自豪，并坚定信念，要毫不动摇地跟党走。

我们的组员将我们从影片中看到的精彩片段，剪辑下来制成PPT，共同探讨如何将这两部影片中的民族精神展现出来，加以说明和解释，从而引起共鸣，让同学老师都能体会到我们的爱国主义精神。站在台上跟同学们分享我们的研究和感悟时，看着台下“观众们”专心地听、认真地看，我深感欣慰，努力没有白费，重要的是不只参与这部分活动的我们，其他组别的同学们也同我们一样感受到了这两部影片中的爱国精神，这就是最好的成果。

正如屠格涅夫所说：“没有祖国，就没有幸福，每个人必须根植于祖国的土壤里。”民族精神应贯彻于每个人心中，爱国主义精神也应烙印在每个人心里。我们都是中国人，身处和平幸福的年代，虽然我们不能像董存瑞、邱少云一般献身革命，不能像李大钊、毛泽东那样叱咤风云，领导革命，也不能像雷锋、袁隆平那样声名远扬，成为人民的偶像，但我们应从自我做起，从身边的每件小事做起，弘扬民族精神，将民族精神落实在我们的学习里，生活里，将爱国情凝聚在那鲜艳的五星红旗里！

——龙岩一中2024届高一（9）班　赖鑫艳

在这几次课上各小组展示了自己的研究成果，我体会到了伟大的民族精神，那或是“热爱祖国、无私奉献，自力更生、艰苦奋斗，大力协同、勇于攀登”的“两弹一星”精神；或是在与洪水的搏斗中，“万众一心、众志成城，不怕困难、顽强拼搏，坚韧不拔、敢于胜利”的伟大的抗洪精神；或是我国航天工作者在长期的奋斗中铸就了“特别能吃苦，特别能战斗，特别能攻关，特别能奉献”的载人航天精神……我明白了民族文化是民族的根，民族精神是民族的魂。面对世界范围内各种思想文化的相互激荡，面对实现中华民族伟大复兴的崇高历史使命，我们每一个中华儿女都有责任、有义务弘扬和发展民族精神。身为青少年的我们是民族的希望和未来，让我们一起努力，成为民族精神的传播者、弘扬者和建设者，共同谱写民族精神新篇章。

——龙岩一中2024届高一（9）班　陈柯含

我们小组进行的是有关民族精神的小品探究与创作。

首先，组长带领我们先了解什么是民族精神。通过查阅相关资料，我们了解到了民族精神是反映在长期的历史进程和积淀中形成的民族意识、民族文化、民族习俗、民族性格、民族信仰、民族宗教，民族价值观念和价值追求等共同特质，是指民族传统文化中维系、协调、指导、推动民族生存和发展的精粹思想，是一个民族生命力、创造力和凝聚力的集中体现，是一个民族赖以生存、共同生活、共同发展的核心和灵魂。

其次，在组长的带领之下，我们观看了多个有关民族精神的小品，并且从中得到启发，进行改编和创作，得到了一个新的剧本，在剧本的创作中，我们也遇到了许多困难，首先就是没有这方面的创作经验，但是我们通过查阅相关资料，在一定程度上解决了这个问题。其次，有关于民族精神的东西是严肃的，创作中，要注意里面的内容切实，不能过于夸张。

在克服了一系列的困难和经过了一系列的修改之后，我们得到了一个有关于民族精神小品的剧本。但是在排练的过程中，我们也遇到了许多困难，第一个就是时间不够的情况，而且多次排练都没能得到满意的效果，最终没能完成小品的拍摄。但是通过这次的学习，我们积累经验，学习到了相关知识，有利于我们的成长。

通过这次有关弘扬民族精神主题实践活动，我加深了对于民主精神的理解，我了解到了中国的民族精神是以爱国主义为核心的团结统一、和谐守礼、爱好和平、勤劳勇敢、自强不息的伟大民族精神。

通过这次的探究与学习，我明白了弘扬民族精神的意义所在。伟大的民族精神始终是中华民族生生不息、发展壮大的强大精神动力，是维系我国各族人民世世代代团结统一、艰苦奋斗的强大精神纽带，是实现中华民族伟大复兴的精神动力。新时代，弘扬民族精神是不断增强我国国际竞争力的要求，同时也是时代的要求。所以，我们更需要弘扬民族精神。

——龙岩一中2024届高一（9）班　卢昱辰

（本课被评为福建省德育精品课）

“扶助弱势群体”综合实践活动方案

一、活动背景

据联合国预测，到2020年我国65岁以上老龄人口将达1.67亿人，约占全世界老龄人口6.98亿人的24%，全世界4个老年人中就有1个是中国老年人。

我国现有残疾人大约8296万，占全国总人口的7%，也就是说平均15个人就有1个残疾人，这个人口数量和少数民族相当。

以上数据表明，老年人及残疾人所占比重特别大，这也是近年来“扶助弱势群体”会成为社会各界关注焦点的主要原因，同时，众所周知，扶助弱势群体也是构建和谐社会不可回避的问题。

结合学校的办学目标——培养“理想远大、人格健全、富于创新、引领未来”的社会主义建设者和接班人，我们确定了“扶助弱势群体”为综合实践活动主题，开展一系列的考察、服务、探究等活动，让青年学生参与到为弱势群体创造良好的物质环境和精神环境的活动中。

二、活动总目标

（1）能够运用访谈调查法找到孤寡老人、残障人士等弱势群体，综合考虑自己的服务时间和服务能力，确定服务对象。

（2）关心孤寡老人、残障人士等弱势群体，能够依据访谈结果制定针对性的服务方案，能够提供力所能及的帮助并长期坚持。

（3）关注孤寡老人所在社区存在的问题，以及社会普遍存在的空巢老人养老问题，热心参与志愿者活动，增强社会责任意识，形成主动服务他人、服务社会的情怀，理解并践行社会公德，提高社会服务能力。

（4）能对访谈调查及服务过程中所发现的问题进行深入的探索，并提炼成课题，综合运用多种研究方法开展研究，增强解决实际问题的能力。

（5）能及时对服务过程和研究过程进行审视、反思并优化调整，能够为服务对象提供高质量的服务，能够大方地分享服务心得和经验。

（6）积极参与服务方案的设计，能够综合运用多种办法解决服务对象所遇到的生活难题，形成在服务他人的过程中通过不断学习提升自己的意识，培养进取、奉献、友爱、互助的志愿者精神。

三、活动对象

高一、高二学生。

四、活动周期

一学年。

五、活动准备

1. 教师准备

（1）寻找并确定相关社会资源。

（2）设计系列活动任务单。

（3）撰写综合实践活动方案。

2. 学生准备

（1）了解综合实践活动课程学习要求。

（2）发挥自身主观能动性，提高积极参与活动的意识。

（3）准备好相机、录音笔等常用的记录工具。

六、活动形式

社会服务、考察探究、班团教育活动。

七、活动内容

专题一：众里寻他千百度——明确服务对象及需要

专题二：所好，道也，进乎技矣——社会服务岗前培训

专题三：老吾老以及人之老——养老院研学考察

专题四：凡事预则立——制订服务活动计划

专题五：为他人奉献是一种美德——开展服务行动

专题六：造福他人，完善自我——反思与分享

专题七：行成于思——开展课题研究

专题八：好咖啡要和朋友一起品尝——课题展示、反思与分享

八、活动过程

专题一：众里寻他千百度——明确服务对象及需要

（一）活动背景

不同的服务对象，服务需求不同。

服务对象与需求的初步分析：

社区中的老年人，服务需求主要包括：日间照顾与护理服务、居家养老服务、文娱活动服务、临终关怀服务、社区老年大学服务等。社区中的残疾人，服务需求主要包括：职业技能培训服务、就业帮扶服务、日常生活服务等。而残疾人中的青少年，服务需求主要包括：学业辅导服务、兴趣需求服务、非上学时间的托管服务、青少年权益保障服务、心理辅导服务等。

为了更好地服务他人，首先需要明确服务对象及他们的需求。

（二）活动目的

（1）学习基本的采访方法，并能够运用所学的方法实施有效的采访活动。

（2）明确服务对象的具体的需求，为后期的有效服务打下基础。

（3）培养实事求是的调查品质，培养沟通表达能力，培养团结协作精神。

（三）活动方式

访问、调查、采访。

（四）活动课时

课内2课时，课外3课时。

（五）活动过程

任务一：寻找服务对象

1. 学生活动

（1）在小组长带领下讨论并确定打算走访的社区。

（2）确定采访对象。

（3）制定访谈提纲。

2. 教师指导

（1）引导学生自荐担任小组长，指导学生组建活动小组，并做好小组分工。

（2）指导学生制定访谈提纲。

任务二：明确服务对象的需求

1. 学生活动

（1）在小组长的带领下，针对具体的服务对象再次制定访谈提纲，以进一步了解服务对象的实际需求。

（2）填写“采访记录表”“调查表”。

2. 教师指导

（1）对学生采访提纲所设计的问题的有效性进行把关。

（2）重申调查、采访等活动过程中的注意事项，让学生了然于胸。

（六）访谈法的相关知识

1. 访谈调查法

访谈调查法是指访谈者根据明确的调查目标，按照访谈提纲，通过与被访谈者之间进行有目的的“交流”“沟通”，系统而有计划地收集资料的一种调查方法。常用随机采访和人物专访两种。

2. 访谈前的准备

要做一个受欢迎的访问者，在访谈前必须做好以下工作：

（1）取得被访谈人的信任。根据访问内容选择最有可能提供有价值材料的人进行访谈，应考虑被访谈人回答问题的能力和意愿。选择好后，要了解被访谈人的情况，并根据其情况确定访问方式。专访前一定要预约。说明身份和访谈的意图：为什么要进行访谈活动？需要了解一些什么问题？想获得一些什么资料？注意措辞要有礼貌，与对方协商确定时间，尊重对方的安排。

（2）准备访谈提纲。访谈提纲一般包括时间、地点、访谈对象、参加人员、设计的问题、预期的效果等。同时思考如何发问、询问时应采取什么态度，做好必要时的备用方案，记录方法和记录重点等。准备充分后再去做，不要手里拿着提纲去问。绝不可以到了调查对象面前，却不知道应该谈些什么，或者任由调查对象天马行空地聊下去。

（3）做好访谈前的必要准备。访问人要注意做到：仪态端庄、口齿清晰、用语文明、穿着大方得体。访谈前准备好需要的物品，如笔记本、笔、录音笔、照相机、摄像机、电池等，如果你想录音、照相、摄像的话，一定要事先征得被访谈者的同意。千万不要迟到，见面后要有礼貌。先要向调查对象说明来意，要是能博得对方的好感，谈话就好进行了（见图5–4）。

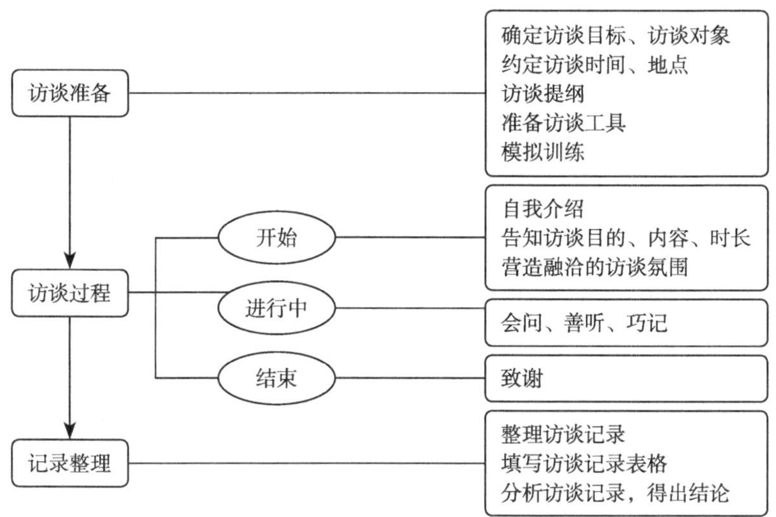

图5–4　访谈框架

3. 访谈调查法的一般流程（见表5–3和表5–4）

表5–3　龙岩一中“扶助弱势群体”综合实践活动采访提纲

班级	届　　班	指导教师		自评	
组长		组员			
采访对象		职业			
采访准备					

续 表

采访日期		采访地点	
采访目的			
采访问题设计：			

表5-4 龙岩一中“扶助弱势群体”综合实践活动采访记录表

记录者： 记录日期： 年 月 日

班级	届 班	指导教师		自评	
组长		组员			
采访对象		采访目的			
采访日期		采访地点			
采访记录（整理要点）：					
结果（是否达到目的、解决什么问题、有什么收获和体会）：					
被访问者的意见或建议（包括对学生和活动的评价）： 签名： 年 月 日					
教师点评	签名： 年 月 日				

专题二：所好，道也，进乎技矣——社会服务岗前培训

（一）活动背景

教育部《中小学综合实践活动课程指导纲要》中对“社会服务”这一活动方式进行的解读中指出：“它强调学生在满足被服务者需要的过程中，获得自身发展，促进相关知识技能的学习，提升实践能力，成为履职尽责、敢于担当的人。”《志愿服务条例》第十六条规定：“志愿服务组织安排志愿者参与的

志愿服务活动需要专门知识、技能的，应当对志愿者开展相关培训。”为了更顺利地为弱势群体开展社会服务活动，在带领学生走出校门、走进社区之前，围绕活动主题，进行必要的岗前培训。

（二）活动目的

（1）学会基本的问候手语。

（2）知道该如何与老年人及残障人士等弱势群体交流。

（3）了解《志愿服务条例》。

（三）活动方式

自学、竞赛、听讲、班会。

（四）活动课时

课内3课时，课外1课时。

（五）活动过程

任务一：学习《志愿服务条例》

任务说明：《志愿服务条例》是为了保障志愿者、志愿服务组织、志愿服务对象的合法权益，鼓励和规范志愿服务，发展志愿服务事业，培育和践行社会主义核心价值观，促进社会文明进步制定的。经2017年6月7日国务院第175次常务会议通过，由国务院于2017年8月22日发布，自2017年12月1日起施行。《志愿服务条例》对志愿服务的基本原则、管理体制、权益保障、促进措施等做了全面规定。例如，规定开展志愿服务，应当遵循自愿、无偿、平等、诚信、合法的原则。志愿者，是指以自己的时间、知识、技能、体力等从事志愿服务的自然人。

1. 学生活动

（1）自学《志愿服务条例》，画出重点内容。

（2）每个活动小组围绕《志愿服务条例》拟出一份百分制检测卷。

（3）各个小组交换答卷。

（4）全班参加《志愿服务条例》知识竞赛。

2. 教师指导

（1）对检测卷做具体要求，如可规定选择题5题，填空题3题，简答题1题。

（2）做好知识竞赛的准备工作，并组织开展全班的竞赛。

任务二：召开“关爱弱势群体”主题班会课

1. 学生活动（分组活动）

（1）搜集有关资料，制作PPT。

（2）撰写讲课稿。

（3）搜集有关视频、音频资料。

2. 教师指导

（1）依据主题做好各小组的任务分工，并对各组的准备工作进行督促、落实。

（2）组织并召开班会课（见图5–5）。

图5–5

任务三：了解弱势群体相关的纪念日及法律法规

中国全国助残日是中国残疾人的节日。1990年12月28日第七届全国人民代表大会常务委员会第十七次会议审议通过的《中华人民共和国残疾人保障法》第14条规定：“每年5月的第三个星期日为全国助残日。”（见图5–6和图5–7）

图5–6

图5–7

1992年10月12日至13日，第47届联合国大会举行了自联合国成立以来首次关于残疾人问题的特别会议。大会通过决议，将每年的12月3日定为“国际残疾人日”，旨在促进人们对残疾问题的理解和动员人们支持维护残疾人的尊严、权利和幸福。

2018年国际残疾人日的主题是：“赋予残疾人权力，确保包容与平等。”

国际聋人节：每年9月的第四个星期日。

国际盲人节：每年10月15日。

1990年12月14日，联合国大会通过45/106号决议，指定10月1日为国际老年人日。1991年，继联大赞同《老龄问题国际行动计划》的9年后，大会又通过《联合国老年人原则》（46/91号决议）。2002年，第二次老龄化问题世界大会通过《马德里老龄问题国际行动计划》以回应21世纪人口老龄化带来的机会和挑战，促进多年龄社会的发展。

任务四：学习手语（见图5-8）

图5-8　外请龙岩市特殊教育学校手语教师给学生讲授日常常用手语

专题三：老吾老以及人之老——养老院研学考察

（一）活动背景

龙岩市的养老院有：龙岩市同心圆护理院（东肖福康路1号）、新罗区阳光托老院（新罗区凤凰北路134号）、东宫下托老院（新罗区东城街道东宫下社区）、岩山敬老院（新罗区岩山乡芹园村）。

对弱势群体——老年人的生活现状调查，除了社区走访之外，还有就是养老院需要再次去走访，才能考察得较为完备一些。

（二）活动目的

（1）了解养老院的管理情况及其中老年人的生活情况。

（2）初步掌握龙岩市养老院运行的有关数据。

（3）弘扬爱老、敬老的传统美德。

（三）活动方式

采访、考察、服务。

（四）活动课时

课内1课时，课外3课时。

（五）活动过程

1. 学生活动

（1）设计“养老院”研学路线，填写“研学旅行方案”。

（2）设计采访提纲，采访后填写“采访记录表”。

（3）利用周末时间开展考察及服务活动。

2. 教师指导

协助学生做好相关的联系工作，同时强调外出需要注意的安全问题。

（六）社会考察法

1. 什么是社会考察法

考察法是对自然环境、经济建设、社会现象、风土人情等进行深入观察和研究，并借助各种相关资料，从大量复杂的具体现象中发现具有整体性、规律性的问题，进一步获取或验证某一方面的知识和理论的一种方法。社会考察则是对特定的社会现象进行比较深入的观察与研究，了解发生、发展的各种原因和相关联系，并提出解决社会问题对策的活动。社会考察是一种体验性学习活动，使学生接触社会、了解社会，从而增加学生对社会的生活积累，并获得对社会物质文化、精神文化和制度文化的认知、理解、体验和感悟的学习活动。体验性学习活动不以发展探究能力、操作能力为根本目标，而以丰富学生的社会阅历、生活积累和文化积累为目标。

2. 社会考察的基本步骤

（1）提出或选择社会考察主题，明确考察目标，确定社会考察的地点、对象、时间，制订详尽的考察计划及日程安排或考察的活动方案。

（2）与考察对象（人或机构）取得联系，通过交流和磋商，确定活动的具体时间表。

（3）根据考察的目的做好各项准备工作，掌握有关资料，准备好考察时需要的工具。如考察道路建设时，可带简单的测算工具，并制订调查计划。

（4）进入现场，展开实质性的考察活动，可以通过记录、照相等方式来记录考察时所获取的资料信息。

（5）实地考察后要在分析讨论考察资料的基础上，完成考察报告，内容包括考察方法、过程、内容、结果和建议等。考察报告的格式可以灵活多样，但必须实事求是。之后进行交流和总结。

在我们指导学生进行社会考察的同时，应该启发学生的问题意识、尊重孩子的兴趣爱好，在活动开展过程中不断地生成新的研究问题，老师指导他们如何在一个大主题下进行小课题的调查研究。这样，学生在有趣的校外调查和活跃的课堂讨论中得到了课外知识和考察经验（见表5–5和表5–6）。

表5–5　龙岩一中“扶助弱势群体”综合实践活动研学旅行方案

班级：　　　　指导教师：　　　　班主任：　　　　填表日期：

<table>
<tr><td>组长</td><td colspan="4"></td></tr>
<tr><td>组员</td><td colspan="4"></td></tr>
<tr><td>研学目的</td><td colspan="4"></td></tr>
<tr><td>研学地点选择</td><td colspan="4">□龙岩市同心圆护理院（东肖福康路1号）
□新罗区阳光托老院（新罗区凤凰北路134号）
□东宫下托老院（新罗区东城街道东宫下社区）
□岩山敬老院（新罗区岩山乡芹园村）</td></tr>
<tr><td>研学活动时间</td><td>活动地点</td><td>活动内容</td><td>活动形式</td><td>活动准备</td></tr>
<tr><td></td><td></td><td></td><td></td><td></td></tr>
<tr><td></td><td></td><td></td><td></td><td></td></tr>
<tr><td></td><td></td><td></td><td></td><td></td></tr>
<tr><td></td><td></td><td></td><td></td><td></td></tr>
</table>

续 表

<table>
<tr><td rowspan="5">小组研学任务
（按点逐条列出）</td><td>任务</td><td>负责人</td><td>需准备的器材</td></tr>
<tr><td></td><td></td><td></td></tr>
<tr><td></td><td></td><td></td></tr>
<tr><td></td><td></td><td></td></tr>
<tr><td></td><td></td><td></td></tr>
<tr><td>研究方法
（若有采访，还需写出采访对象）</td><td></td><td rowspan="2">教师点评</td><td rowspan="2">签名：
年　　月　　日</td></tr>
<tr><td>可能会遇到的困难</td><td></td></tr>
</table>

表5-6　龙岩一中“扶助弱势群体”综合实践活动考察报告

填表日期：

<table>
<tr><td>届　　班</td><td></td><td>指导教师</td><td></td><td>综合评价</td><td></td></tr>
<tr><td>考察报告标题</td><td colspan="5"></td></tr>
<tr><td>考察时间</td><td colspan="5"></td></tr>
<tr><td>小组负责人</td><td></td><td>组员</td><td colspan="3"></td></tr>
<tr><td>关键词</td><td colspan="5"></td></tr>
<tr><td colspan="6">你们将要去哪里?</td></tr>
<tr><td colspan="6">你们经历了什么?</td></tr>
<tr><td colspan="6">你们发现了什么问题?</td></tr>
<tr><td colspan="6">你们又是怎样探索这些问题的?</td></tr>
<tr><td colspan="6">你们最终得到了什么结论或是解决办法?</td></tr>
<tr><td colspan="6">如果可以重走一遭，你们各自又会怎么做?</td></tr>
<tr><td>学校综合实践领导小组学分认定</td><td colspan="5">综合实践领导小组组长签名：
年　　月　　日</td></tr>
<tr><td>备注</td><td colspan="5">社会考察1学分（需提交一份社会考察报告及过程性材料）</td></tr>
</table>

专题四：凡事预则立——制订服务活动计划

（一）活动背景

前期已经开展了调研、采访等活动，寻找并确定了服务对象，也在进一步采访中了解了服务对象所需要的服务项目，在这样的前提背景下，需要开始制订服务活动计划，以便服务活动有序高效地开展。

（二）活动目的

（1）了解养老院的管理情况及其中老年人的生活情况。

（2）初步掌握龙岩市养老院运行的有关数据。

（3）弘扬爱老、敬老的传统美德。

（三）活动方式

研讨、听讲、采访、文献研究法。

（四）活动课时

课内1课时，课外依实际需要定。

（五）活动过程

1. 学生活动

（1）思考讨论几个关键问题。

① 我是谁？——我具备怎样的能力？我能够做些什么？

② 我在哪儿？——我能为这个社区或这个社区中的人们做些什么？

③ 我在干什么？——我所做的是不是就是他们所需要的？

（2）明确社会服务计划的一般结构。

① 社会服务缘起、处境分析、问题界定、需求评估（服务群体的共性需求和服务对象的个性需求）。

② 服务目的、服务内容、经费预算、时程进度、资源投入、人员分工。

③ 参考文献、附件。

（3）讨论、填写《服务方案》（在填写过程中，如果发现前期采访不够充分，可以再提请补充采访）。

2. 教师指导

（1）指导学生在服务内容和服务方式的选择上务必遵循安全性、有效性的原则。

（2）在填写服务内容和服务方式前，指导学生先行进行文献研究，查阅有关资料，了解政府部门及社会公益组织对有关弱势群体已经提供了哪些服务内容，都有哪些服务方式，能否有所启发。

（六）文献研究法

1. 什么是文献研究法

文献研究法就是对文献进行查阅、分析、整理，从而找出事物本质属性的一种研究方法。

只要是追根求源，追溯事物发展的轨迹，探究发展轨迹中某些规律性的东西，就不可避免地采用文献研究法。

2. 怎样进行文献研究？

文献研究法主要有两种途径：查阅图书资料和浏览网页资料。查阅文献资料的过程，实际是向其他人甚至古人学习的过程，是用文字、图片等渠道交流的过程。

文献研究的三个阶段：

第一，分析和准备阶段（找什么？去哪里找？）。

找什么？——分析研究课题，确定所要查找的主题和文献范围。

去哪里找？——选定检索工具，确定检索途径。

（1）图书馆查询：图书、期刊、会议文献、学位论文、专利文献、科技报告、档案等。

（2）工具书查询：常用的工具书有《大百科全书》《辞海》《辞典》等。

中文的搜索引擎比较常用的有：百度（http//www.baidu.com）、谷歌（http//www.google.com.cn）、中国雅虎（http//www.yahoo.com.cn），还有一些其他的网站：一搜（http//www.yiso.com）、搜狐门户搜索（http//www.sohu.com）等。

第二，收集和占有资料阶段（怎么找？）。

有一定的阅读能力；有一定的阅读方法（精读、泛读、浏览）；有一定的记录方法（写批语、做记号、做摘录、写提要、做札记、写综述等）。

第三，资料加工、处理和使用阶段（怎么加工处理？）。

（1）整理。查阅到有关文献之后，对它进行摘录（标明资料的出处，即书名或论文题目，作者姓名，出版单位，版本，出版时间，期刊的年号、期号，报纸主办的年、月、日等）或复印，然后按顺序归类。

① 从文献中阅读什么？

了解这个领域已经做了哪些研究，哪些研究已经完成，哪些研究还要继续，从而确定自己研究的课题和限制，找到起点和研究应解决的重点在本领域内已有哪些相关工作，注意学习先前研究所采用的方法手段，探索作者是如何分类、探索和解释事实及其关系，提供对研究有益的思路、方法或修改意见。

为进一步研究提供背景和基础，为解释研究结果提供背景材料。

② 如何阅读？——与作者思路同步。发表时间、作者？主要观点是什么？研究方法是什么？推理框架是什么？

（2）加工。对文献进行初步分析，剔除无关、重复的材料，对有价值的材料进行研究。那么加工阶段要做哪些具体的工作呢？

① 写批语——在所摘录资料的空白处写上自己的见解、解释或质疑。

② 做记号——在重点、难点或自己感兴趣的内容上做各种标记。

③ 写提要——对包含各种信息的研究文献进行总结，用自己的话概括并记录原文的基本内容、重要思想、观点、数据。

④ 做札记——以你喜欢的方式随时记下自己读书的心得体会和各种想法。

⑤ 写综述——汇总收集到的某一类别的所有资料，然后进行加工处理，内化为自己的结构体系，写成一份综述性报告（见表5–7）。

表5–7　龙岩一中“扶助弱势群体”综合实践活动服务方案

填表日期：

<table>
<tr><td>班级</td><td colspan="2">届　　班</td><td>指导教师</td><td></td><td>总评</td><td></td></tr>
<tr><td>组长</td><td colspan="2"></td><td>组员</td><td colspan="3"></td></tr>
<tr><td rowspan="4">服务对象基本情况</td><td>姓名</td><td></td><td>住址</td><td colspan="3"></td></tr>
<tr><td>性别</td><td></td><td rowspan="3">致弱原因</td><td rowspan="3" colspan="3"></td></tr>
<tr><td>年龄</td><td></td></tr>
<tr><td>弱势类别</td><td></td></tr>
<tr><td>服务方式</td><td colspan="6"></td></tr>
<tr><td>服务计划（定出服务时间、服务人员、服务方式或内容）</td><td colspan="6"></td></tr>
<tr><td>教师评价</td><td colspan="6">教师签名：
年　　月　　日</td></tr>
</table>

专题五：为他人奉献是一种美德——开展服务行动

有一种生活，你没有经历就不会知道其中的艰辛；有一种艰辛，你没有体会过就不知道其中的快乐；有一种快乐，你没有拥有就不知道其中的纯粹。

也许只需一滴水，饥渴的树苗就不再枯萎；也许只需一丝暖，受伤的翅膀就翩翩高飞。当我们伸出双手，多少渴望的眼睛从此看到光辉；当我们敞开胸怀，多少无助的心灵从此告别伤悲。

（一）活动背景

弱势群体需要长期关心和关注，特别是老年人和残障人士。长期而有计划的服务行动，才能解决更加实际的问题。我们希望通过自身的努力，能够给他人带来一丝温暖。“奉献、友爱、互助、进步”的志愿者精神是中华民族助人为乐的传统美德和雷锋精神的继承、创新和发展，也是我们百年老校优良校风的传承。

（二）活动目的

（1）培养社会责任感，增强关心并尊重他人的意识，形成主动服务他人、服务社会的情怀。

（2）锻炼与弱势群体沟通交流的能力，及其他社交能力，体味志愿活动的意义。

（3）践行“奉献、友爱、互助、进步”的志愿者精神，让弱势群体感受到温暖，让更多人加入关爱弱势群体的志愿者队伍中。

（三）活动方式

多种形式的服务活动。

（四）活动课时

课外，服务次数不得少于2次，每次不少于2课时。

（五）活动过程

1. 学生活动

（1）各小组按既定的《服务方案》做好细致的分工，并以小组为单位开展志愿服务活动。

（2）每次服务活动结束后填写“龙岩一中学生志愿服务记录与学分认定表”。

2. 教师指导

（1）明确学生服务活动的要求：需有专人负责拍照或摄像，活动要有文字、图片的记录，活动后要反思收获与不足。

（2）对学生的服务过程进行评价。

（3）活动前发放“龙岩一中学生志愿服务记录与学分认定表”（见表5–8）。

（4）强调活动安全，强调志愿者应当尊重志愿服务对象的人格尊严，不得侵害志愿服务对象的个人隐私。

表5–8　龙岩一中学生志愿服务记录与学分认定表

姓名		学号		班级	届　　班
服务对象		服务内容			
服务时间		服务时长		自评学分	
服务记录及体会	年　　月　　日				
评价与认定					
意见				评价等级	签名
自我评价					
志愿服务对象（单位、社区或个人）评价					
志愿服务活动综合评价					（班主任或综合实践活动教师）
学校综合实践领导小组学分认定	综合实践领导小组组长签名： 年　　月　　日				
志愿服务学分说明	志愿服务2学分，在课外时间进行，三年不少于40小时。每2小时得0.1学分				

专题六：造福他人，完善自我——反思与分享

（一）活动背景

反思服务经历，分享活动经验，能够促进学生在今后的服务过程中做得更加出色。做过的事情，若没有及时反思与总结，那么成效就会大打折扣。反思的重要性不亚于做事情之前的预思考。如果说，反思可以促进个人成长，那么，分享就能促进集体成长。分享，是一个可以获得广泛点赞的最佳办法。

（二）活动目的

（1）反观自己服务过程中的收获和不足，与同伴大方交流。

（2）会运用信息技术处理过程性材料，美化展示成果。

（3）提升自我的志愿者精神及主动服务他人的情怀，弘扬助人为乐的优秀传统。

（三）活动方式

展示、交流、评价。

（四）活动课时

课内1课时，课外依实际需要定。

（五）活动过程

任务一：做好展示交流准备

1. 学生活动

（1）收集本组每个同学写的反思日志或者心得笔记等，选择典型的内容留作交流。

（2）处理服务活动过程拍摄的图片、视频资料，做成PPT或MV展示稿。

2. 教师指导

（1）对图文及视频展示用PPT的规范要求。

内容顺序：①课题、小组、导师；②课题背景；③目标任务；④小组分工；⑤前期准备；⑥活动过程；⑦活动成果（整理后的资料加小组评析）；⑧活动收获（知识、能力、情感的提升）；⑨活动反思。

标题、正文的字体、字号、颜色要统一。标题黑体，正文等线体。正文用黑或深灰色。字号不小于24号，行距1. 3。

可以设置统一背景，背景力求淡雅、简洁。尽量不另插背景图，无关的装饰图案一律不用。

图片每页一张，最多两张，尽量拉大，可切割多余部分。

播放动画一律选用“出现”，动画按从上到下、从左到右的顺序设置。

（2）鼓励多种形式的结果呈现与交流，如绘画、摄影、戏剧与表演等，对活动过程和活动结果进行系统梳理和总结，促进学生自我反思与表达、同伴交流与对话。

任务二：展示、交流、评价

1. 学生活动

（1）以小组为单位进行展示，选两三位同学为代表进行汇报。

（2）其他小组学生对汇报组进行评价并提出建议。

（六）评价表（见表5–9）

表5–9　龙岩一中“扶助弱势群体”综合实践活动社会服务评价表

<table>
<tr><td colspan="2">服务项目</td><td colspan="4"></td></tr>
<tr><td colspan="2">班级</td><td>届　　班</td><td>指导老师</td><td colspan="3"></td></tr>
<tr><td colspan="2">组长</td><td></td><td>成员</td><td colspan="3"></td></tr>
<tr><td colspan="2">项目</td><td colspan="2">评价目标</td><td>评价（A、B、C、D）</td><td>优点</td><td>存在的主要问题</td></tr>
<tr><td rowspan="3">前期准备</td><td>采访</td><td colspan="2">采访准备充分，分工明确，沟通、交往能力得到提高；能做好采访记录</td><td></td><td rowspan="3"></td><td rowspan="3"></td></tr>
<tr><td>岗前培训</td><td colspan="2">学习服务常识，增长服务技能，了解《志愿服务条例》</td><td></td></tr>
<tr><td>服务方案</td><td colspan="2">服务对象明确，服务方法得当，时间安排合理，措施具体，计划周密</td><td></td></tr>
<tr><td rowspan="3">服务过程</td><td>执行情况</td><td colspan="2">服务方案得到落实，活动记录完整</td><td></td><td rowspan="3"></td><td rowspan="3"></td></tr>
<tr><td>服务态度</td><td colspan="2">小组活动出勤率高，积极性高，合作完成任务好，团队精神增强</td><td></td></tr>
<tr><td>服务效果</td><td colspan="2">依据服务对象需求，综合多种方法帮助解决实际问题，服务者与被服务者均有良好体验</td><td></td></tr>
<tr><td rowspan="3">反思总结</td><td>材料处理</td><td colspan="2">服务心得简洁、流畅、有文采；综合运用多学科知识解决展示所遇到的实际问题</td><td></td><td rowspan="3"></td><td rowspan="3"></td></tr>
<tr><td>成果展示</td><td colspan="2">成果多样，形式新颖，规范美观，展示手段先进</td><td></td></tr>
<tr><td>汇报交流</td><td colspan="2">陈述清楚简洁、有条理，组员整体应答能力强，配合好，普通话语音准确，语言流畅，仪表大方</td><td></td></tr>
<tr><td colspan="2">小组自评语</td><td colspan="5"></td></tr>
<tr><td colspan="2">教师评语</td><td colspan="5">签字：
年　　月　　日</td></tr>
</table>

专题七：行成于思——开展课题研究

（一）活动背景

伴随着现代教育体系的全面建立，听障、视障、智障等社会弱势群体的康复教育越来越成为社会所关注的热点问题。特殊教育学校里，这类群体得到了怎样的康复教育？学校围墙之外，这类群体是否也能得到继续教育？听障、视障、智障等社会弱势群体在社会生活中是否便利？随着社会文明程度的提高，国家和社会逐步实行方便残疾人出行的城市道路和建筑物设计规范，采取无障碍措施，我们城市在这方面做得如何？我们青年学生可以为他们做些什么？我们的政府、社会、社区可以为他们做些什么？

在我国快速进入老龄化的现在，空巢老人越来越多，老年人活动中心等老年人社区活动场所越来越多，养老院也逐渐兴起，老年人的幸福指数如何？他们的生活状况如何？我们青年学生可以为他们做些什么？我们的政府、社会、社区可以为他们做些什么？

（二）活动目的

（1）学会运用所学知识针对弱势群体的生活或教育问题开展创新性的研究。

（2）关注、支持弱势群体的社会物质环境与精神环境建设。

（3）树立起能力越强责任越大的意识，进一步理解龙岩一中校训——“弘毅、守志、任重、道远”。

（三）活动方式

教师指导与自主研究相结合。

（四）活动课时

课内5课时：确定课题1课时，开题论证1课时，中期汇报2课时，结题指导1课时。

课外：依课题研究实际需要。

（五）活动过程

第一阶段　从问题到课题

（从问题到课题——根据采访、调研及服务过程所遇到的问题提炼课题）

学习目标：了解“问题”的基本特点，了解“问题”和“课题”的联系和差别，学会准确地陈述课题。

1. 学生活动

（1）小组讨论如下问题：明确前期活动过程中所遇到的问题是什么，发现的问题是什么，有研究价值的问题是什么。

（2）思考讨论如何筛选问题。

2. 教师指导

（1）从学生所提的问题中寻找典型例子，让学生明确筛选问题的办法。

（2）指导学生规范表述课题名称。

附：相关资料

1. 界定“问题”“课题”。

爱因斯坦说：“提出一个问题往往比解决一个问题更重要。”因此，许多学生在谈到开展研究性学习最大的困难时，都不约而同地说“发现问题”和“选择课题”。“问题”与“课题”之间有联系，也有区别。

2. 关于“问题”的认识。

（1）“问题”的“普遍性”。专家告诉我们：“问题是由信息引起的。”（田运，《思维科学》）人们生活在信息的汪洋大海之中，各种信息像大海的浪涛拍击着海岸一样冲击着人们，产生着无穷无尽的“问题”，可以这样说：“我们是生活在‘问题’之中。”例如，肚子饿了，引发几个问题：有什么可以吃的？吃什么有营养？人体最需要什么营养？如何判断人体所需要的营养成分？如何判断某种食物有营养？早餐、中餐、晚餐该怎么吃才科学？不同体质的人可以吃相同的营养早餐吗？能否分别开出易胖体质与易瘦体质的一周食谱？

正如古希腊哲学家芝诺关于“知识面的圆圈理论”所说的那样：“知识越多，问题越多。”所以，不是现实生活中找不到“问题”，而是我们有没有对问题的敏感。“一个人一旦向自己提出了某个问题，并产生了解决它的强烈欲望，这就形成了‘问题意识’，就能够更敏锐地感受和觉察与该问题有关的信息，提高对无关信息的抗干扰能力。”（《思维辞典》，第221页）从某种意义上讲，人类的“好奇心”是产生“问题意识”的心理根源，也是推动人类成长和前进的根本动力。“好奇心”的丧失，对于个人来讲，是停滞的开始；对于人类来讲，是堕落的源头。

（2）“问题”的“客观性”。

“问题”无所不在，无时不在。但其根源依然是“物质的客观实在性”（高一《思想政治》）。根据这一原理，我们不难得出结论：对现实事物的观察与思考，是发现问题、提出问题的基本途径。例如，我们同学要帮扶一位老奶奶，就产生了问题：老奶奶只会说龙岩话，而我们小组只有一个人听得懂，怎么办？有同学说我们要去特殊教育学校，怎么走比较近？我们联系不到社区的工作人员，怎么办？我到福利院门口了，门卫不让我进去怎么办？

（3）“问题”的“层次性”。

“问题”的客观性和普遍性，并不意味着所有的问题，都是需要通过研究才能解决的。“问题”有它的“层次性”。

3.“问题”的构成要素：目标、条件、障碍。

目标——表明问题解决的对象是什么？最终要达到什么程度？即“任务结束时的状态”。

条件——面临“问题”，你已经拥有的主、客观条件如何？（如：知识准备、客观条件……）

障碍——面临“问题”，你需要克服的困难是什么？有无解决途径？

“问题”的分类：

一般的问题：目标明确单纯、条件充分、无障碍或障碍不大。不需要做多大努力就能解决。

较难的问题：目标明确、条件充分，但有一定障碍。需要做一定的努力才能有效解决。

需研究的问题：目标较明确、有条件基础、障碍较大、需用新的信息或重组信息来解决。

提醒学生注意：“是什么”“为什么”“怎么办”三种提问的方法相对应的解决方法也不同，所以应注意考虑“条件”和“障碍”问题。

“是什么”——查找资料、现场观察为主——找

“为什么”——设计方案、重做解释为主——验

“怎么办”——全面思考、提出对策为主——做

4. 从“问题”中筛选“课题”的原则：近一点、小一点、易一点，科学

性、可行性、创新性。

5. 陈述“课题”：明确研究课题的中心、方向。

好的“陈述”应遵循的原则：选准焦点定方向，范围明确可操作，简洁明了合规范。

扶助弱势群体可选择的课题有：

某社区（或街道、或村镇）老年人生活状况考察

龙岩市城区公共教育环境对残障人士便利情况考察

龙岩市城区养老院中老年人的幸福指数调查

龙岩市特殊教育学校的教学内容对残障儿童健康成长的影响研究

社区居家养老可行性研究（以某个社区为例）

扶助弱势群体志愿者素质拓展策划书

见表5–10。

表5–10　龙岩一中“扶助弱势群体”综合实践活动课题细化讨论表

填表日期：

<table>
<tr><td>班级</td><td colspan="2">届　　班</td><td>指导教师</td><td></td></tr>
<tr><td>组长</td><td></td><td>组员</td><td colspan="2"></td></tr>
<tr><td>已开展的活动</td><td colspan="4"></td></tr>
<tr><td>发现的问题</td><td colspan="4"></td></tr>
<tr><td>拟确定课题</td><td colspan="2"></td><td>教师指导意见</td><td></td></tr>
<tr><td>讨论过程中无法决策的问题</td><td colspan="2"></td><td>解决办法</td><td></td></tr>
</table>

第二阶段　撰写开题报告

1. 学习目标

了解课题开题报告撰写的格式和规范写法，并学会撰写开题报告。

2. 学习方法

自主学习、合作探讨、听讲。

3. 学生活动

（1）自主学习《研究性学习指导手册》中“怎样制订研究方案”一讲。

（2）合作探讨如何撰写本小组的课题开题报告。

（3）部分难点、重点聆听教师的讲解。

4. 教师指导

（1）指导学生如何阅读高一《研究性学习指导手册》中“怎样制订研究方案”一讲的内容。

（2）组织学生以小组为单位填写课题开题报告。

（3）解答学生的疑问。

（4）对重、难点作详细讲解。

附：相关资料

1. 撰写课题开题报告的意义

课题开题报告就是课题研究方案的设计、规划和制定。换言之，就是当课题方向确定之后，课题负责人在调查研究的基础上撰写的课题实施计划。开题报告主要说明这个课题有价值进行研究、自己有条件进行研究以及准备如何开展研究等问题，也可以说是对课题的论证和设计。

撰写课题开题报告是提高选题质量和水平的重要环节，是创新新知，不是可有可无的。正如学者文翁说过：“搞好开题报告的主要目的是促使大家理清研究思路，完善研究设计。”制订课题研究计划和安排，是为解决自己提出的问题提供探索的途径。课题开题报告初步规定了课题研究各方面的具体内容和步骤，对整个研究工作的顺利开展起着关键的作用。

2. 撰写课题开题报告的基础性工作

写好科研课题开题报告要了解其基本结构与写法，但“汝果欲学诗，功夫在诗外”，重要的还是要做好基础性工作。首先，要了解别人在这一领域研究的基本情况。研究工作最根本的特点就是要有创造性，熟悉了别人在这方面的研究情况，才不会在别人已经研究很多、很成熟的情况下，重复别人走过的路，而是站在别人研究的基础上，从更高层次、更有价值的方面去研究。其次，要掌握与研究课题相关的基础理论知识。理论基础扎实，研究工作才能有一个坚实的基础，否则，没有理论基础，你就很难深入进去，很难有真正的创造。一定要多方面地收集资料。要加强理论学习，只有这样制定出的开题报告才能更科学、更完善。

3. 课题开题报告的结构

撰写开题报告是课题确定下来之后的首要工作。通过开题报告的思考与写作可以帮助我们清楚地了解自己为什么要做这个课题，究竟想做什么，想得到什么，怎么做，能否达到自己的预期目标。若分析后觉得不现实，则可以立即调整自己的方向和目标，使课题目标的达成有可能性，从而避免“大题小做”或“小题大做”。课题开题报告的写法根据课题研究的类别略有不同。但一般地说，科研课题开题报告主要包括以下几个方面：

①课题研究的背景；②国内外同一研究领域的现状与趋势分析、本课题与之联系和区别；③课题核心概念的界定；④课题研究的目标；⑤课题研究的内容（所要解决的主要问题）；⑥课题研究方法；⑦课题研究的步骤；⑧预期研究的成果；⑨参与研究的人员及分工；⑩完成课题研究的可行性分析；⑪参考文献。

4. 课题开题报告撰写规范

（1）课题研究的背景

首先，要阐明课题研究的背景，即根据什么、受什么启发而进行这项研究的。因为任何课题研究都不是凭空来的，都有一定的背景和思路。其次，要阐明为什么要研究这个课题、研究它有什么价值、能解决什么问题。一般可以先从现实需要方面去论述，指出现实中存在这个问题，需要去研究、去解决，本课题的研究有什么实际作用，然后，再写课题的理论和学术价值。最后就是所要解决的主要问题，课题研究所要解决的主要问题要有针对性、可操作性，这是课题研究的生命力所在。解决的重要问题与提出的背景间有着必然的、照应的联系，不能游离或架空。

（2）国内外同一研究领域的现状与趋势分析、本课题与之联系和区别。阐述这部分内容必须采用文献资料研究的方法，通过查阅资料、搜索发现国内外近似或界于同一课题研究的历史、现状与趋势。

历史背景方面的内容：按时间顺序，简述本课题的来龙去脉，着重说明本课题前人有没有研究过？哪些方面已有人做过研究？取得了哪些成果？这些研究成果所表达出来的观点是否一致？如有分歧，那么他们的分歧是什么？存在什么不足？通过历史对比，说明各阶段的研究水平。

现状评述，重点论述当前本课题国内外的研究现状，着重评述本课题目前存在的争论焦点，比较各种观点的异同，阐述本课题与之联系及区别，力求表现出自己课题研究的个性及特色。这一部分的内容应力求精当，力求体现自身研究的价值。

发展方向方面的内容：通过纵（向）、横（向）对比，肯定本课题目前国内外已达到的研究水平，指出存在的问题，提出可能的发展趋势，指明研究方向，提出可能解决的方法。

（3）课题核心概念的界定。界定即定义。课题界定，即对课题的诠释，对课题的核心概念进行说明。

（4）课题研究的目标。课题研究的目标就是通过研究，要达到什么目标。研究的目标是比较具体的，不能笼统地讲，必须清楚地写出来。只有目标明确而具体，才能知道工作的具体方向是什么，才能知道研究的重点是什么，思路就不会被各种因素干扰。

（5）课题研究的内容（所要解决的主要问题）。有了课题的研究目标，就要将研究题目依据研究目标展开、细化为若干小问题。课题越大，内容越多，越要具体，研究范围较大的课题应列出各子课题的内容。

（6）课题研究的方法。任何科学研究除了要应用哲学方法和一般科学方法之外，还要有具体的研究方法、技术手段。“研究方法”这部分，主要反映一项课题的研究通过什么方法来验证我们的假设，为什么要用这个方法，以及要“做什么”“怎么做”。常用的研究方法有：实验法、问卷调查法、访谈法、实地考察法等。

（7）课题研究的过程（步骤和计划）。课题研究的步骤，就是课题研究在时间和顺序上的安排。研究的步骤要充分考虑研究内容的相互关系和难易程度，一般情况下，都是从基础性问题开始，分阶段进行。一般划分为三个阶段：前期准备阶段、中期实施阶段、后期总结阶段。每一个阶段有明显的时间设定，从什么时间开始，至什么时间结束都要有规定，要有详尽的研究内容安排、具体的目标落实，从而保证研究过程的环环紧扣、有条不紊、循序渐进。

（8）课题研究的预期成果与表现形式。课题研究成果预测即研究过程中可能会带来什么成果？成果形式包括研究报告、教育教学论文、专著、影像资料（含课件）、典型的教案、教具学具、学生作品等。课题不同，研究成果的内容、形式也不一样，但不管形式是什么，课题研究必须有成果，否则，就是这个课题没有完成。在开题报告中设计出成果形式，可以使研究者明确将来用什么形式来表现研究成果，以便从开始就可以着手努力积累材料、构思框架、进行分工，以利于研究成果的顺利问世，同时也有利于课题管理者据此对课题进行检查验收。

（9）完成课题的可行性分析。可行性，即研究课题的可实施性，是指课题研究所需的条件是否具备，如研究所需的信息资料、实验器材、研究经费、学生的知识水平和技能及研究者的学历、学习能力、研究能力和研究经验等是否具备。它建构于先进的理念、科学的设计、扎实的功底等。一句话，就是要从若干方面说明对本课题的研究，我们有实力、有能力、有潜力去完成。

5. 研究性学习开题活动要求

每组根据开题报告内容准备一份5分钟左右的PPT演示文稿用于展示介绍本组的研究计划，即介绍做什么、为什么选该题、打算怎么做、预期结果以及本组成员分工、指导老师等信息。

开题活动由各班综合实践活动课代表组织，安排好各组的发言顺序。发言展示时，各组成员全部到讲台前结合PPT发言（见表5-11和表5-12）。

表5-11　龙岩一中学生课题（项目）开题报告书

<table>
<tr><td>班级</td><td>届　　班</td><td>课题名称</td><td></td></tr>
<tr><td>课题组长</td><td></td><td>指导教师</td><td></td></tr>
<tr><td>研究团队成员及任务分工</td><td colspan="3"></td></tr>
<tr><td>课题研究起讫时间</td><td colspan="3"></td></tr>
<tr><td colspan="4">研究的背景与意义</td></tr>
<tr><td colspan="4"></td></tr>
<tr><td colspan="4">研究的目标和基本内容</td></tr>
<tr><td colspan="4"></td></tr>
<tr><td>研究方法</td><td colspan="3"></td></tr>
</table>

续 表

研究步骤	
研究本课题涉及的主导课程	
研究本课题涉及的相关课程	
完成本课题的条件分析	
（包括参加人员的研究水平、资料准备和实验室设备、计算机上网等科研手段）	
预期成果	研究报告、论文、调研报告、实验报告、设计方案、产品（作品）模型、其他
成果展现表达形式	文字、图片、实物、音像资料、电脑程序、其他
经费预算： 一、经费分项预算 1.交通费： 2.资料搜集费： …… 二、经费总需求： 三、经费来源渠道：	
指导教师对该课题的立项意见（含对课题选题的评价、课题实施方案可行性的评价、课题小组成员的研究水平的评价等）： 指导教师签名： 日期：　　年　　月　　日	

表5–12　研学课题开题阶段评价表

评价内容	评价标准	评价结果
选题评价	选题是否有价值	☆☆☆☆☆
	选题是否新颖	☆☆☆☆☆
	选题是否与社会、生活相适应	☆☆☆☆☆

续 表

评价内容	评价标准	评价结果
选题评价	选题是否与现有知识能力相适应	☆☆☆☆☆
课题分析与论证评价	研究的目的和意义是否明确	☆☆☆☆☆
	研究的内容范围是否明确	☆☆☆☆☆
	可能出现的困难和问题是否明确	☆☆☆☆☆
	预期成果及表达形式是否明确	☆☆☆☆☆
	研究的主客观条件是否具备	☆☆☆☆☆
	信息搜集的渠道是否多元化	☆☆☆☆☆
课题计划评价	研究方法的设计是否多样化	☆☆☆☆☆
	研究过程的规划是否合理	☆☆☆☆☆
	课题组的分工是否合理	☆☆☆☆☆
	研究计划的表述是否清楚	☆☆☆☆☆

第三阶段　课题中期汇报

1. 学习目标

掌握汇报的基本要领，小组合作，能够顺利进行汇报；能对其他小组提出建议。

2. 教学目标

检查学生课题研究的扎实度，把控学生课题研究的方向。

3. 学生活动

（1）整理阶段成果，汇总过程性材料，按要求做好汇报PPT。

（2）小组内进行预汇报，为面向全班汇报做好充分准备。

4. 教师指导

（1）指导学生对研究过程性材料进行整理和分析。

（2）对学生汇报过程中出现的问题及时予以指导。

（3）组织各小组进行互评（见表5-13）。

表5-13　课题中期阶段评价表

评价内容	评价标准	评价结果
研究态度	是否有热情	☆☆☆☆☆
	是否付出了努力	☆☆☆☆☆

续 表

评价内容	评价标准	评价结果
研究态度	是否团结协作	☆☆☆☆☆
信息搜集情况	搜集途径和方法的多样性	☆☆☆☆☆
	信息的效用情况	☆☆☆☆☆
	信息的处理能力	☆☆☆☆☆
研究方法的使用情况	研究活动的方法是否多样化	☆☆☆☆☆
	研究方法的选择是否合理	☆☆☆☆☆
	是否有一些新的技术方法	☆☆☆☆☆
研究过程的组织性	是否重视实践和实验	☆☆☆☆☆
	整个过程是否在按计划进行	☆☆☆☆☆
	整个过程安排是否合理	☆☆☆☆☆
	是否能够根据实际情况调整研究计划	☆☆☆☆☆
	是否善于寻求帮助	☆☆☆☆☆
活动记录情况	是否有合理的分工和紧密的合作	☆☆☆☆☆
	活动记录是否真实	☆☆☆☆☆
	活动记录是否及时	☆☆☆☆☆
	活动记录是否完整	☆☆☆☆☆
	活动记录形式是否合理	☆☆☆☆☆

第四阶段　撰写结题报告

结题报告即研究报告，研究报告是对研究工作的总结，它可以将研究过程和结论公开表达出来，用于互相学习和交流。研究性学习的研究报告可以有多种，不同类型的研究，其报告的写法也略有差异。高中生所进行的研究类型大致有科学实验、文献研究、社会调查研究、方案设计等。依此研究报告可以分成论文、文献综述、实验报告、社会调查报告、方案设计等。“扶助身边的弱势群体”综合实践活动所进行的考察探究活动，其研究报告以论文和社会考察报告为主。社会考察报告见专题三。

1. 学生活动

自读《研究性学习指导手册》中的“怎样标注引文和参考文献”一讲，小组讨论，列出本组课题的结题报告框架，并进行分工。

2. 教师指导

明确结题报告的要素，提出排版要求，强调学术道德，回答学生的疑难问题，对普遍性问题做重点讲解。

专题八：好咖啡要和朋友一起品尝——课题展示、反思与分享

（一）活动背景

对“扶助弱势群体”相关课题的研究工作进行了一个学期，学生的成果已经逐步显现，学生课题研究的水平也逐渐提高，课题研究报告已陆续完成，在这样的背景下，举行课题展示、反思与分享报告，显得十分有必要，也十分有意义。一方面可以促使学生对长达一个学期的活动做个总结提炼；另一方面也可以就此作为活动的宣传。

（二）活动目的

（1）反思自己和研究小组在课题研究过程中的收获和不足，与同伴大方交流。

（2）会运用信息技术处理过程性材料，美化展示成果。

（3）有推广研究成果的意愿，感受到运用知识、技能为弱势群体服务的精神愉悦。

（4）学以致用，以用促学。

（三）活动方式

展示、交流、评价。

（四）活动课时

课内1课时，课外依实际需要定。

（五）活动过程

1. 学生活动

（1）整理成果，汇总过程性材料，按要求做好汇报PPT。

（2）小组内进行预汇报，为面向全班汇报做好充分准备。

（3）丰富成果形式，如设计制作出宣传残疾人事业和扶助残疾人的相关海报或宣传册。

2. 教师指导

（1）指导学生对研究过程性材料进行整理和分析。

（2）对学生汇报过程中出现的问题及时予以指导。

（3）组织各小组进行互评。

（4）汇编各小组的课题结题报告、“扶助弱势群体”综合实践活动心得体会及其他优秀成果（见表5–14）。

表5–14　课题结题阶段评价表

评价内容	评价标准	评价结果
成果展示和交流	课题研究成果与原计划中目标的达成度	☆☆☆☆☆
	课题研究材料的完整性	☆☆☆☆☆
	结题报告的科学性、实践性、逻辑性、创新性	☆☆☆☆☆
	研究过程对自我成长的促进显著	☆☆☆☆☆
	研究结论的信度和效度	☆☆☆☆☆
	研究成果的创新性	☆☆☆☆☆
答辩	陈述研究成果时的条理性、科学性、熟练性	☆☆☆☆☆
	答辩时的应变能力	☆☆☆☆☆
研究反思	提出对自身研究的薄弱之处	☆☆☆☆☆
	提出有待进一步研究的问题	☆☆☆☆☆
	研究之外的发现	☆☆☆☆☆

九、活动指导

“扶助身边的弱势群体”是教育部关于高中阶段综合实践活动推荐的主题之一，属于“社会服务”范畴，要求对身边的孤寡老人、残障人士等弱势群体进行调查，了解他们在生活中的实际困难，对他们进行力所能及的帮助并长期坚持，增强关心并尊重他人、主动提供服务的意识。教育部印发的《中小学综合实践活动课程指导纲要》（以下简称《指导纲要》）中指出“社会服务的关键要素包括：明确服务对象与需要；制订服务活动计划；开展服务行动；反思服务经历，分享活动经验”。《龙岩市综合实践活动课程实施指导意见》中将这一主题安排在高一下学期，再结合教育部颁发的《高中课程方案》中对综合实践活动课程的学分安排，本活动不等同于志愿者服务，而是要按照《指导纲要》所指出的四个关键要素开展扎实的教学活动，并将它扩展为一个涵盖“社会考察、课题研究、志愿服务”多方面内容的综合实践活动，对学生进行全方位的指导。

十、注意事项

（1）外出考察、研究、研学均要强调注意安全，每个专题活动但凡涉及外出的都要做好安全教育工作。

（2）以班队活动形式组织研学实践的、超过10人的外出，均需要老师带队。

十一、活动评价（见表5-15）

表5-15 “扶助弱势群体”综合实践活动评价表

小组名称			完成时间	
小组成员			指导老师	
评价内容		个人自评	小组互评	教师评价
参与精神（10分）	对专题活动很有兴趣，认真对待，积极参与（10分）			
合作精神（20分）	服从并很好地完成小组讨论出的分工任务（10分）			
	能和其他组员交换共享信息，合作愉快（10分）			
活动过程（30分）	收集相关研究资料，使用调查、访问、上网、查阅图书等三种以上手段（6分）			
	有效地、较多地获得相关资料，资料来源科学，有价值，有出处记录（4分）			
	按计划有效开展研究及服务活动，每次活动都有方案和记录（10分）			
	能对数据、资料进行科学的统计、分析，形成了活动小结（4分）			
	及时书写心得、总结、论文，形成成果（6分）			
成果交流（15分）	及时完成活动成果的交流活动，交流汇报效果较好（8分）			
	利用校刊、宣传板发表，或利用网络及校外刊物对外发表，产生较好的影响（5分）			
	对活动有继续研究的计划（2分）			

续 表

评价内容		个人自评	小组互评	教师评价
责任担当（15分）	获得自身发展，促进相关知识技能的学习，提升实践能力，成为履职尽责、敢于担当的人（15分）			
创新发现（10分）	善于发现问题，独立思考，能提出创新的观点和建议（10分）			
总得分（100分）	等级：80—100分：优；70—79分：良；50—69分，合格；50分以下尚要努力			

评价等级： 评价人：

十二、资源支持

（1）中国青年志愿者网站http：//www.zgzyz.org.cn/

（2）中国文明网http：//www.wenming.cn/

（3）《课程方案》

（4）《中小学综合实践活动课程指导纲要》

“走进三坊七巷，探寻闽都文化”研学旅行课程设计

一、场馆简介

福州，是一座有着2200多年建城史的国家级历史文化名城。经历了西汉的建城、西晋的迁城、唐末五代的两次扩城，以及宋、元、明、清的建、毁与重修，构成了古城规划与建造的文明史。西晋子城定下了城市中轴线的走向，唐末五代的建设者沿此中轴线将城市随闽江的沙洲沉积向南扩展，将于山、乌山拥进城市的怀抱。子城之南的南门外大街就叫南街，是城市中轴线的主干段。南街的西侧在唐末出现了一片新居，是当时中原南迁者构筑的新家园。

新家园以南后街为中轴，西边三片坊，东边七条巷，又有许多的小巷小弄沿当年的地理地貌自然贯穿其间。围绕着这些古老的花岗岩铺设的小道，历代福州人建起了这片住宅。历时千余年，它逐渐发育成为城市中心腹地以官绅、富商、文人为主的城市雅士社区。西侧三坊自北而南分别是：衣锦坊、文儒坊、光禄坊。东侧的七巷分别是：杨桥巷、郎官巷、塔巷、黄巷、安民巷、宫巷、吉庇巷。清代道光年间进士刘心香所作七绝句“七巷三坊忆旧游，晚凉声唱卖花柔。紫菱丹荔黄皮果，一路香风引酒楼”，第一次将“七巷三坊”用文字定格。

三坊七巷是中国古城建设中规划设计的典范，是古里坊制度的活化石，是明清时代古建筑博物馆，也是闽派建筑的典型案例，是福州地区物质文化遗产和非物质文化遗产的集中地，是中国古代士人文化的集中反映，是中国名人文化的独特景观，是中国近代现代化进程的见证，是中国近现代海军人才的摇

篮，是海峡两岸亲缘维系的重要纽带。2006年，“三坊七巷和朱紫坊建筑群”作为整体，列为全国第六批重点文物保护单位。2009年6月，三坊七巷历史文化街区入选了第一批“中国十大历史文化名街”。2017年12月，三坊七巷入选第二批“中国20世纪建筑遗产”。

三坊七巷是国家级历史文化名街，是城市标志性古建筑群，是福州百姓悠闲生活的乐园，是闽都文化最集中的展示地，是人们了解地域文化的载体。

综上，我们认为三坊七巷的课程资源极为丰富，它不是一部书，而是一座图书馆。走进三坊七巷，您可以开展多个领域的研究，如建筑文化、名士文化、坊巷文化、美学文化、民俗文化、商贸文化、楹联文化等不一而足。为了能够有序而深入地实施研学旅行活动，我们围绕“走进三坊七巷，探寻闽都文化”这一主题打造了系列课程。

二、考察主题

围绕“探访林觉民、冰心故居与南后街牌坊”“走进郎官巷”“走进塔巷”“走进黄巷”“走进安民巷”“走进宫巷”“走进吉庇巷、光禄坊”“走进衣锦坊”“走进文儒坊”“走进南后街”等主题开展考察探究活动。

三、注意事项

（1）文明出行，安全第一，贵重物品尽量少带。

（2）同学之间团结友爱，互相帮助，若有身体不适，立即报告给随队老师。

（3）要有合作意识和责任意识，不能脱离小组独立行动。

（4）善于甄别与对比，注意资料收集的真实性和有效性。

四、研学指导

1. 指导规划修订

指导学生填写“研学旅行规划表”（附1），重点指导“研学任务”及“小组成员分工”部分。

2. 指导研究方法

主要进行观察研究法、问卷研究法、文献研究法、访谈法的指导。

3. 进行选题指导

主题之下子课题的选题指导。

4. 指导资料整理方法

客观记录参与活动的具体情况，包括活动主题、持续时间、所承担的角色、任务分工及完成情况等，及时填写“研学旅行活动报告表”（附2），并收集相关事实材料，如活动现场照片、作品、考察报告等。活动记录、搜集资料要真实、有效、有据可查。

五、研学课程

（一）探访林觉民、冰心故居与南后街牌坊

1. 研学目标

（1）通过参观故居及展室内容，了解冰心、林觉民的事迹，体会他们的家国情怀，激发对先贤的景仰之情。

（2）查阅资料和实地参观展室，了解辛亥革命历史及黄花岗七十二烈士，重点了解林觉民及其《与妻书》，体会以林觉民为代表的革命志士勇于牺牲的爱国精神。

（3）了解辛亥革命志士进步思想的形成，提升逻辑分析和思辨能力。

（4）搜集和研究有关冰心、林觉民、林徽因的资料，并进行比较研究，提高分析能力和信息的搜集与整理能力。

（5）掌握探究专题所涉及的人文知识，解决研究问题，发展自主获取知识的愿望和能力，学会多途径获取知识，提升探究、合作的意识和能力，提高语言组织和表达能力。

（6）了解三坊七巷的建筑特点和石牌坊的形制，理解建筑楹联的意涵及其意义。

（7）通过故居文创纪念品设计，提高创新意识和服务意识。

2. 研学课题

（1）林觉民故居楹联研究（楹联内容鉴赏、楹联背后的故事、书体、楹联内容所体现的精神）。

（2）林觉民故居建筑研究（规模、结构、形制、风格、装饰）。

（3）林觉民故居展示图片的文史研究（史料价值、核心价值观、蕴含的民族精神）。

（4）冰心与林徽因的比较研究。

（5）林觉民与广州起义历史研究。

（6）冰心故居旅游纪念品开发研究（寻找核心点、创新点、多元素契合点）。

（7）《与妻书》研究。

（8）辛亥革命志士思想研究。

（9）南后街牌坊与楹联研究（了解楹联的作者、书者，鉴赏楹联书法，解读楹联内容典故，牌坊的材料、形制、纹饰、功用）。

（二）走进郎官巷

1. 研学目标

（1）实地考察二梅书屋，深入了解福州明清民居的建筑特点，感受古典建筑的空间布局之美、细部雕饰之美及生态宜居之美。

（2）参观严复故居，观看严复事迹展室，学习其“首倡变革”“放眼看世界”的精神和对中华文化的高度自信，感受严复宏大的胸襟抱负和他率先提出的“鼓民力、开民智、新民德”的德智体全面发展的教育思想。

（3）联系课堂所学，探讨戊戌变法的意义，感受中国近代杰出的维新志士的革命英雄的情怀。

（4）参观二梅书屋的福建民俗博物馆，了解闽派各时期的古典家具、木雕木刻、福建各窑口瓷器、名人字画、工艺精品等民俗文物，感受富有福建特色的民俗文化。

2. 研学课题

（1）雪洞的功能及原理探究（除二梅书屋有雪洞，叶氏民居和小黄楼等处也有，可以多考察几处。从建筑材料、建造方式、功用、原理等多方面开展考察探究）。

（2）二梅书屋建筑结构及装饰艺术研究（规模、结构、形制、风格、装饰）。

（3）我当福建民俗博物馆解说员。

（4）严复故居建筑研究（规模、结构、形制、风格、装饰）。

（5）严复故居楹联、书法研究（了解楹联知识、书法知识，对严复故居的楹联、书法作针对性研究）。

（6）郎官巷旅游文创产品开发（了解文创产品开发途径和方法，结合郎官巷旅游资源，作创意开发）。

（7）天后宫地理位置及建筑研究（古代天后宫都建于江海之滨，为何该天后宫居于此地？）。

（8）福建民俗文物鉴赏（对民俗博物馆展出的文物择其一二做深入研究，见图5–9。

图5–9 福建民俗博物馆

（三）走进塔巷

1. 研学目标

（1）实地考察王有龄故居，感受明清民居的建筑特点。

（2）研究塔巷牌坊楹联典故，了解塔巷历史变迁的知识。

（3）实地考察王麟故居，了解其建筑结构布局、园林特色，体味造园者匠心独运的智慧。

（4）参观福建华侨文化展示中心，学习华侨艰苦创业、勤奋敬业、团结互助、造福社会的精神。

（5）参观珍品馆，感受当代工艺的创作之美。

2. 研学课题

（1）塔巷牌坊及巷内各故居楹联鉴赏。

（2）王有龄故居明清两代建筑对比研究。

（3）福建华侨文化研究。

（4）王夔、王有龄父子事迹研究。

（5）寿山石雕鉴赏（以福建当代工艺珍品馆展出的作品为例）。

（6）漆画鉴赏（或脱胎漆器鉴赏，以福建当代工艺珍品馆展出的作品为例）。

（7）私家园林建筑艺术研究（以王麟故居园林为例）。

（8）海军将领叶伯鋆和民国陆军元老王麒事迹研究。

（四）走进黄巷

1. 研学目标

（1）了解匾额楹联文化，感受传统楹联的装饰美。

（2）了解明清民居建筑特色，感受建筑美。

（3）了解名人事迹，学习先贤品德，培养家国情怀。

（4）学会深度探究问题，培养学术品格。

（5）掌握探究专题所涉及的人文知识，解决研究问题，发展自主获取知识的愿望和能力，学会多途径获取知识，提升探究、合作的意识和能力，提高语言组织和表达能力（见图5–10）。

图5–10　黄巷一角

2. 研学课题

（1）小黄楼的建筑美学研究。

（2）三坊七巷匾额楹联的装饰艺术探究（以小黄楼为例）。

（3）历代牌匾文化研究。

（4）圣旨匾鉴赏（以中国涉台楹联博物馆展出的十几个皇帝圣旨匾为例）。

（5）福州早期照相馆研究。

（6）黄巷名人文化研究。

（7）以郭柏荫故居为例研究明清民居建筑风格。

（8）选择小黄楼或郭柏荫故居撰写解说稿，当小小解说员。

（五）走进安民巷

1. 研学目标

（1）了解名人事迹，学习先贤品德，培养家国情怀。

（2）了解明清建筑特点，特别是花厅的建筑美学特征。

（3）了解桢楠文化，结合生物学知识，拓宽视野。

（4）考察、整理文献史料与实物史料，并进行归纳、整理、比较和思考，掌握论从史出、史论结合的历史学习方法，提高分析历史问题的能力。

（5）在参观学习的过程中接受廉政教育和优秀历史廉政文化的熏陶，感受公廉爱民、治政廉明、俭以养廉的勤廉作风，培养勤廉品格。

（6）参观党史馆，忆往昔峥嵘岁月，对比今日幸福生活，传承革命精神，树立为实现中华民族伟大复兴而努力的责任意识。

（7）掌握探究对专题所涉及的人文知识，解决研究问题，发展自主获取知识的愿望和能力，学会多途径获取知识，提升探究、合作的意识和能力，提高语言组织和表达能力。

2. 研学课题

（1）金丝楠古沉木家具鉴赏。

（2）三坊七巷历史人物勤廉事迹及廉政思想研究。

（3）鄢氏宅院建筑美学研究。

（4）福建新四军抗战史或福州抗战史研究。

（5）廉政楹联鉴赏。

（6）安民巷名人文化研究。

（7）程家小院建筑雕刻艺术欣赏。

（8）选择一处展馆撰写解说稿，当小小讲解员。

（六）走进宫巷

1. 研学目标

（1）了解船政大臣沈葆桢、海军总长刘冠雄的海防思想，树立国防意识。

（2）了解宫巷各古建筑的艺术特点，培养初步的建筑美学素养。

（3）了解宫巷内明清大宅院的楹联内容，理解建筑楹联的意涵及其意义。

（4）通过故居文创纪念品设计，提高创新意识和服务意识。

（5）了解试馆（会馆）建筑文化及古代宗族与科举仕宦的关系，传承古代重教传统。

（6）掌握探究对专题所涉及的人文知识，解决研究问题，发展自主获取知识的愿望和能力，学会多途径获取知识，提升探究、合作的意识和能力，提高语言组织和表达能力。

2. 研学课题

（1）以林聪彝故居为例研究福州古建筑艺术。

（2）宫巷名人文化研究。

（3）沈葆桢、刘冠雄海防思想研究。

（4）宫巷历史建筑楹联鉴赏。

（5）三坊七巷私家园林研究。

（6）宫巷旅游文创作品开发。

（7）连城张氏试馆建筑特色及功用研究。

（8）选择一处故居撰写解说稿，当小小讲解员。

（9）古陶瓷或雅乐研究。

（七）走进吉庇巷、光禄坊

1. 研学目标

（1）了解明清建筑特点及装饰艺术，培养初步的建筑美学素养。

（2）了解漆画艺术特点，丰富自身关于漆画的相关知识，培养审美情趣。

（3）了解明清大宅院的楹联内容，理解建筑楹联的意涵及其意义。

（4）学习鉴赏摩崖题刻，领会中国汉字书法之美，感受古代文人墨客的古韵余风。

（5）了解三坊七巷名人的家风家训，学习先贤的爱国爱家、勤政廉政、注重教育的情怀。

（6）掌握探究对专题所涉及的人文知识，解决研究问题，发展自主获取知识的愿望和能力，学会多途径获取知识，提升探究、合作的意识和能力，提高语言组织和表达能力。

2. 研学课题

（1）周榕清漆画艺术研究。

（2）闽都民俗文化研究。

（3）光禄吟台摩崖题刻研究。

（4）历史建筑楹联鉴赏。

（5）谢家祠建筑艺术研究。

（6）三坊七巷名人的家风家训研究。

（7）光禄吟台名人研究。

（8）选择一处故居或展馆撰写解说稿，当小小讲解员。

（八）走进衣锦坊

1. 研学目标

（1）了解明清建筑特点及装饰艺术，培养初步的建筑美学素养。

（2）了解证券投资相关知识，培养初步的金融思维，培养理性投资意识。

（3）了解明清大宅院的楹联内容，理解建筑楹联的意涵及其意义。

（4）了解名人事迹，学习先贤的家国情怀。

（5）掌握探究对专题所涉及的人文知识，解决研究问题，发展自主获取知识的愿望和能力，学会多途径获取知识，提升探究、合作的意识和能力，提高语言组织和表达能力。

2. 研学课题

（1）欧阳氏花厅建筑风格研究。

（2）欧阳氏花厅楠木雕刻艺术研究。

（3）水榭戏台美学物理学研究。

（4）历史建筑楹联鉴赏。

（5）衣锦坊名人文化研究。

（6）证券投资、股票研究。

（7）衣锦坊文创产品设计与开发。

（8）选择一处故居撰写解说稿，当小小讲解员。

（九）走进文儒坊

1. 研学目标

（1）了解明清建筑特点及装饰艺术，初步培养建筑美学素养。

（2）感受中华传统舟船海洋文化的魅力，体会福建海洋文化的根脉传统。

（3）了解明清大宅院的楹联内容，理解建筑楹联的意涵及其意义。

（4）了解名人事迹，学习先贤的家国情怀。

（5）掌握探究对专题所涉及的人文知识，解决研究问题，发展自主获取知识的愿望和能力，学会多途径获取知识，提升探究、合作的意识和能力，提高语言组织和表达能力。

2. 研学课题

（1）明清建筑风格研究。

（2）乡约碑史料价值研究。

（3）文儒坊名人研究。

（4）福船文化研究。

（5）福州在海丝文化中的地位研究。

（6）明清建筑楹联文化研究。

（7）福州民居建筑装饰艺术研究。

（8）文儒坊文创产品设计开发。

（十）走进南后街

1. 研学目标

（1）了解明清建筑特点及装饰艺术，培养初步的建筑美学素养。

（2）了解非物质文化遗产的专业知识，提高传承意识。

（3）了解多类艺术历史，提高审美能力和鉴赏水平。

（4）了解名人事迹，学习先贤品德，培养家国情怀。

（5）掌握探究对专题所涉及的人文知识，解决研究问题，发展自主获取知识的愿望和能力，学会多途径获取知识，提升探究、合作的意识和能力，提高语言组织和表达能力。

2. 研学课题

（1）福伞研究（建盏研究或畲族银雕研究）（在南后街选择一种非物质文化遗产进行调查研究）。

（2）茉莉花茶与武夷岩茶（或漳平水仙茶）制作工艺的区别（选一种福建名茶与茉莉花茶做比较研究）。

（3）严复手迹鉴赏（或田黄精品鉴赏）。

（4）南后街名人研究。

（5）叶氏民居建筑风格研究。

（6）三坊七巷美术馆馆藏作品鉴赏。

（7）寿山石雕刻精品鉴赏（选择一个或数个名家作品进行鉴赏）。

（8）我当福建省非物质文化遗产博览园解说员。

备注：各课题小组参考如下研学活动

小组成员团结合作，共同做好活动过程记录、文字记载、图像拍摄、录音录像等，结合前期的文献检索，在现场开展讨论，及时记录发现的新问题或产生的新看法。共同填写“研学旅行活动报告表”（附2）。

六、行后课程

行后课程包括：成果展示指导、成果展示与交流、评价反思。

1. 活动评价

（1）各小组民主评议，评选最佳活动小组。

（2）填写“研学旅行小组成员评价表”（附3）。

（3）相关活动成果上传研学平台或录入个人成长档案。

2. 活动反思

各成员认真反思从前期准备到后期成果展示中的团队合作情况、个人的收获、新的发现、存在的问题及思考，如果重新再走一遍，会有什么新的做法，对今后的研学活动有何启迪。

附1：

表5-16　研学旅行规划表

<table>
<tr><td>题目</td><td colspan="3"></td></tr>
<tr><td>组长与组员</td><td colspan="2"></td><td>指导老师</td></tr>
<tr><td>研学任务
（按点逐条列出）</td><td colspan="3"></td></tr>
<tr><td>方法
（包括采访对象）</td><td colspan="3"></td></tr>
<tr><td rowspan="5">组员分工</td><td>姓名</td><td>任务</td><td>需准备的器材</td></tr>
<tr><td></td><td></td><td></td></tr>
<tr><td></td><td></td><td></td></tr>
<tr><td></td><td></td><td></td></tr>
<tr><td></td><td></td><td></td></tr>
<tr><td>可能会遇到什么困难</td><td colspan="3"></td></tr>
<tr><td>预期成果及其形式</td><td colspan="3"></td></tr>
</table>

附2：

表5-17　研学旅行活动报告表

<table>
<tr><td colspan="2">为主：□报告□视频</td><td>为辅：□报告□视频/照片</td></tr>
<tr><td colspan="3">报告标题</td></tr>
<tr><td>研学时间</td><td colspan="2"></td></tr>
<tr><td>小组负责人</td><td colspan="2"></td></tr>
<tr><td>合作者</td><td colspan="2"></td></tr>
<tr><td>研究方法</td><td colspan="2"></td></tr>
<tr><td>课题简介</td><td colspan="2"></td></tr>
<tr><td>研究内容</td><td colspan="2"></td></tr>
<tr><td>已取得哪些成果，活动遇到的困难及克服方法</td><td colspan="2"></td></tr>
</table>

续 表

研学活动过程	阶段	活动过程（采访对象、资料、实地等）	小组成员参加情况
	前期准备		
	实施过程		
	总结汇报		
材料汇总（收集材料的目录、整理过的材料、参考文献等）			
新的发现或存在问题及思考			
小组各成员研学活动心得或反思			
教师点评	教师签名： 年　月　日		

附3：

表5–18　研学旅行小组成员评价表

班级：	小组研学主题		总评等级		
姓名：			自评：	他评：	师评：
自我评价	本次活动中，你参加了哪些研究活动?				
	你和你的伙伴们做了哪些研究?				
	你解决了什么研究问题?				
	通过这次活动，你有什么收获或感触?				
	你如何评价自己的表现?				
	你还发现了什么新的值得研究的问题?				
同伴评价	年　月　日				
教师评价	年　月　日				

“走进家乡传统文化”主题实践活动案例

一、主题整体实施思路（见表5-19）

表5-19　主题整体实施思路概述

<table>
<tr><td>主题名称</td><td colspan="2">走进家乡传统文化</td><td>总课时安排</td><td>20课时+
课外若干课时</td></tr>
<tr><td colspan="3">内容及课时建议</td><td colspan="2">活动规划</td></tr>
<tr><td rowspan="7">活动一
传统文化探究（考察探究）（4周）</td><td colspan="2">知识铺垫
（1—2课时）</td><td colspan="2">了解“文化的传承与保护”、城乡特色景观与传统文化、优秀传统文化经典等方面的知识，发现并提出问题</td></tr>
<tr><td colspan="2">确定研究方向
（1课时）</td><td colspan="2">方向一：“文化的传承与保护”；
方向二：城乡特色景观与传统文化；
方向三：优秀传统文化经典研究</td></tr>
<tr><td rowspan="5">提出假设；
选择方法；
研制工具；
获取证据；
提出解释或观念</td><td rowspan="3">“文化的传承与保护”</td><td colspan="2">了解历史上学校教育、留学、书刊出版、翻译事业以及图书馆、博物馆在文化传承与传播中的作用；文献研究为主</td></tr>
<tr><td colspan="2">调查了解家乡非物质文化遗产；实地考察、采访</td></tr>
<tr><td colspan="2">汇总考察记录及采访资料，总结文化遗产保护对传承民族文化、维护文化多样性和创造性的重要意义，以演示文稿形式进行交流展示</td></tr>
<tr><td rowspan="2">城乡特色景观与传统文化</td><td colspan="2">提出问题，提出假设。如讨论保护城乡特色景观和传统文化的意义；城市传统文化保护的内容；保护城乡特色景观和传统文化的措施；列举充分发挥特色景观与传统文化的历史文化价值、美学价值、科研价值，进行保护性开发的典型案例</td></tr>
<tr><td colspan="2">到具体的景观处进行实地考察，重点分析该景观所承载的传统文化内涵及正确评估受损程度，如实拍照、摄像、文字记录</td></tr>
</table>

续 表

<table>
<tr><td>主题名称</td><td colspan="2">走进家乡传统文化</td><td>总课时安排</td><td>20课时+
课外若干课时</td></tr>
<tr><td rowspan="5">活动一
传统文化探究（考察探究）（4周）</td><td rowspan="4">提出假设；
选择方法，
研制工具；
获取证据；
提出解释或观念</td><td>城乡特色景观与传统文化</td><td colspan="2">对考察探究过程进行汇报，并能够就家乡某处景观或传统文化的保护提出具体措施</td></tr>
<tr><td rowspan="3">优秀传统文化经典研究</td><td colspan="2">了解传统文化的主要内容（核心思想理念、中华传统美德、中华人文精神等的具体内容）。提出问题，拟定采访提纲及实地考察方案</td></tr>
<tr><td colspan="2">考察传统文化传承得特别突出的乡镇或学校等其他单位。采访龙岩汉剧、山歌剧的表演艺术家，采访龙岩著名的书法家及其他高雅艺术的代表人物，或者采访乡镇领导或学校领导等主要人物</td></tr>
<tr><td colspan="2">汇报采访及实地考察结果，论证传统文化传承的新思路</td></tr>
<tr><td colspan="2">交流、评价探究成果；
反思和改进</td><td colspan="2">每个研究方向为一个大组，汇总成果，以展板的形式进行交流展示。纸质成果整理汇编。对整体的探究过程及研究成果进行反思，并提出改进建议</td></tr>
<tr><td colspan="2" rowspan="3">活动二
家乡文化宣传
（社会服务）（1周）</td><td>准备阶段</td><td colspan="2">深入了解家乡文化，确定服务群体，调查服务对象的需求，根据需求再补充自身对家乡文化了解得不够深入的地方</td></tr>
<tr><td>实施阶段</td><td colspan="2">制订服务计划，开展服务活动。尽量设计出家乡文化最佳的宣传形式，记录家乡文化宣传中的亮点</td></tr>
<tr><td>总结阶段</td><td colspan="2">反思服务经历，总结服务经验，开展多元评价</td></tr>
<tr><td rowspan="4">活动三
传承家乡优秀传统文化（职业体验＋社会服务）</td><td rowspan="3">方向一：寻找共同的文化记忆（5课时+课外）</td><td>准备阶段</td><td colspan="2">了解与家乡优秀传统文化直接相关的具体职业，确定要体验哪种手艺人的职业或者其他相关的文化职业，了解与职业相关的法律法规</td></tr>
<tr><td>实施阶段</td><td colspan="2">跟岗见习，学习技能，自行演练，组内演练，班级演练，以多种形式开展演练活动，撰写岗位见习日记、岗位体验心得</td></tr>
<tr><td>总结阶段</td><td colspan="2">总结交流岗位体验心得。走向社区开展服务</td></tr>
<tr><td>方向二：创新家乡传统文化传播方式（6课时+课外）</td><td>准备阶段</td><td colspan="2">了解“传统文化的传播价值及主要媒介传播方式”，分析中国传统文化传播存在的问题及原因，对比家乡传统文化传播现状。
讨论当前中国传统文化传播的对策，依据家乡传统文化不同的内容讨论不同的传播方式，充分学习并掌握某项传播技能。选择可体验的职业，了解服务方向</td></tr>
</table>

续 表

主题名称	走进家乡传统文化	总课时安排	20课时+课外若干课时
活动三传承家乡优秀传统文化（职业体验＋社会服务）	方向二：创新家乡传统文化传播方式（6课时+课外）	实施阶段	依据各自不同的职业选择开展体验活动，记录体验收获，熟悉家乡传统文化中某一项或多项文化的传统传播方式，策划广告、为家乡文化建言献策等，服务家乡文化传播事业
		总结阶段	依据各自的职业选择及服务方式，进行多元的展示，最后以PPT演示文稿的形式将各自的体验、服务过程及心得体会进行展示汇报

二、案例主体

（一）活动背景

中华优秀传统文化是人类共有的精神财富且具有世界普遍文化意义，我们要做好继承和弘扬地方优秀传统文化，研究地方优秀传统文化对中华文化的贡献。闽西传统文化底蕴深厚，客家文化、闽南支系文化、畲族文化、红色文化交相辉映，留下了丰富多彩、特色鲜明的非物质文化遗产。2021年4月，在省文旅厅公布的第五批省级非物质文化遗产代表性传承人名单中，龙岩市共有15名传承人入选。近年来，龙岩市大力实施优秀传统文化传承发展工程，传承弘扬闽西优秀传统文化，提高文化产品供给水平，推动优秀传统文化传承发展。例如，2020年，龙岩市制定了《第44届世界遗产大会龙岩工作方案》及“五大行动”子方案；推进奇和洞遗址抢救性保护工作，遗址核心区环境整治计划已获国家文物局批复；抓实第十批省级文物保护单位申报工作，新增龙池书院等11处省保单位；福建土楼博物馆、武平县博物馆荣登国家二级博物馆；闽西客家木偶戏、漳平水仙茶制作技艺被批准为第五批国家级非遗代表性项目；长汀“畅游非遗名城·尽享古韵风采”入选全国2020年非遗与旅游融合发展优秀案例。此外，保护利用红色文化方面，龙岩市完成中央红色交通线入闽首站伯公凹、长汀红四军司令部、政治部旧址辛耕别墅等66个文保修缮工程；古田会议纪念馆入选全国首批中华民族文化红色基因库试点。龙岩市还大力实施《龙岩市客家文化（闽西）生态保护实验区建设三年行动计划》，争取省级以上非遗保护资金，推进客家文化（闽西）数字博物馆、市级非遗综合展示馆、非遗数据库、非遗一台戏等客家文化“十个一”项目等。

在各级政府自上而下都大力提倡继承和弘扬优秀传统文化的大环境之下，我们就想带着学生扎扎实实走进家乡的传统文化世界里，去认真深入地体验、考察、探究，去发掘、创新、弘扬家乡的传统文化。

（二）活动总目标

（1）了解家乡优秀的传统文化精神内涵，感受传统文化博大精深的底蕴，激活传统文化基因，培养炽烈的、真诚的家国情怀。

（2）关注身边的文化，既能借助学科知识，又能突破学科领域，多方位、全视角地考察探究家乡的传统文化，拓宽看问题的视野，提高解决问题的能力。

（3）参加一次传统文化宣传活动，为家乡传统文化的传承和弘扬献计献策，为打造有温度的幸福龙岩贡献自己的一份力。

（三）活动对象

高中一年级学生。

（四）活动时长

两个月。

（五）活动内容

（1）探究家乡传统文化的传承与保护。

（2）探究保护城乡特色景观与传统文化的意义和措施。

（3）优秀传统文化经典研究。

（4）制作家乡的文化名片。

（5）“寻找共同的文化记忆”主题采访及报刊采编发行。

（6）创新家乡传统文化传播方式。

（六）活动准备

（1）知识准备：分专题拓展思维（语文、历史、地理、政治、美术、音乐等学科老师分别开设综合实践活动课）。各学科教师结合本学科专业知识，帮助学生深入挖掘优秀传统文化更为深广的内涵与外延，拓宽学生的思维，激发学生的求知欲，引导学生去发现更有意义的问题。采用文献法、调查法、实地考察法、访谈法等广泛搜集资料。

（2）工具准备：手提电脑、相机、摄像机、录音笔、绘画工具等。

（3）人员准备：组建学习小组，做好人员分工。

（七）活动过程

活动一：传统文化探究（4周，每个子课题均6课时+课外）。考察探究。

方向一：探究家乡传统文化的传承与保护。

方向二：探究保护城乡特色景观与传统文化的意义和措施。

方向三：优秀传统文化经典研究。

活动二：家乡文化宣传（3课时+课外）。社会服务。

活动三：传承家乡优秀传统文化（6课时+课外）。职业体验。

方向一：寻找共同的文化记忆。

方向二：创新家乡传统文化传播方式。

（八）教学设计

专题活动一：传统文化探究

知识铺垫，1—2课时。了解“文化的传承与保护”、城乡特色景观与传统文化、优秀传统文化经典等方面的知识，引导学生发现并提出问题。

方向确定，1课时。依据高中的学情，建议从以下三个方向展开深入的研究。

方向一：探究家乡传统文化的传承与保护

1. 教学目标

了解龙岩各县市历史上学校教育、书刊出版及图书馆、文化馆、博物馆在传播文化、启迪民智上的重要作用。调查了解家乡非物质文化遗产，认识文化遗产保护对传承民族文化、维护文化多样性和创造性的重要意义。

2. 活动方式

考察探究。

3. 活动课时

课内6课时+课外若干课时。

4. 活动准备

收集了解各县市历史最悠久的学校、出版社、图书馆、博物馆等的名称及所在地。

5. 教学过程

教学过程见表5–20，考察探究活动记录表见表5–21，采访活动记录表见表5–22。

表5–20　教学过程概述

关键要素	环节	主要活动	教师指导重点
发现并提出问题	分析所搜集的资料	了解龙岩市历史最悠久的学校、出版社、图书馆、博物馆等机构的创立在传播文化、启迪民智方面所做的贡献及重大影响	引导学生去挖掘创始人，认识中国优秀知识分子是怎么想、怎么做的。认识个人和机构在社会发展变革过程中的不同作用
	提出问题	各小组围绕主题提出问题，并进行问题的筛选甄别	引导学生判断甄别真假问题，从而确定有价值的研究问题
提出假设，选择方法，研制工具	提出假设	确定研究课题，提出问题假设，并进行交流	对课题的规范性进行指导
	研制工具	制作访谈提纲，制定考察方案	对采访问题进行把关
获取证据	实地考察	选择一家博物馆进行参观考察	提醒学生在考察过程中要明确目标
	实施采访	采访校长、馆长等	提醒学生注意采访的礼仪
提出解释或观念	整理考察活动记录表	综合前期的文献研究，结合实地考察，提出解释或观点，撰写考察报告	印发“考察探究活动记录表”
	整理归纳采访结论	综合前期的文献研究，结合人物访谈，提出解释或观点，撰写访谈报告	印发“采访活动记录表”
交流、评价探究成果	交流展示	各组以PPT演示文稿为主进行汇报	对成果进行指导、点评
	评价	开展自评、互评	组织学生有序开展评价
反思和改进	反思	反思过程，反思方法，反思态度等	指导学生进行全面反思
	改进	各组依据反思结果，提出改进举措，并对可以及时改进的地方进行改进	督促落实

表5-21 考察探究活动记录表

<table>
<tr><td>主题</td><td colspan="3"></td></tr>
<tr><td>组长</td><td></td><td>组员</td><td></td></tr>
<tr><td colspan="4">考察地点：

考察行程安排：

人员分工：</td></tr>
<tr><td colspan="4">考察目的意义：</td></tr>
<tr><td colspan="4">考察过程：

考察结论：（课题报告另附页）</td></tr>
</table>

班主任：　　　　年　　月　　日

表5-22 采访活动记录表

记录者：　　　　记录日期：　　　　年　　月　　日

<table>
<tr><td colspan="2">采访主题：</td></tr>
<tr><td>采访对象：</td><td>采访目的：</td></tr>
<tr><td>采访日期：</td><td>采访地点：</td></tr>
<tr><td colspan="2">采访记录（整理要点）：</td></tr>
<tr><td colspan="2">结果（是否达到目的、解决什么问题、有什么收获和体会）：</td></tr>
<tr><td colspan="2">被访问者的意见或建议（包括对学生和活动的评价）：

签名：</td></tr>
</table>

方向二：探究保护城乡特色景观与传统文化的意义和措施

本专题相关教材为：《高中地理》选修6“城乡规划”。

1. 教学目标

正确认识城乡规划的基本内涵，了解城乡规划的原理和方法，树立城乡融合发展的观念，提高在城乡规划中保护环境和传统文化的意识。

2. 活动方式

考察探究。

3. 活动课时

课内6课时+课外若干课时。

4. 活动准备

搜集能够充分发挥特色景观与传统文化的历史文化价值、美学价值、科研价值，进行保护性开发的典型案例。

5. 教学过程（见表5–23）

表5–23　教学过程概述

关键要素	环节	主要活动	教师指导重点
发现并提出问题	分析所搜集的资料	讨论典型案例，思考保护城乡特色景观和传统文化的意义；城市传统文化保护的内容；保护城乡特色景观和传统文化的措施等	重点引导学生归纳、概括、提升
	提出问题	就家乡某处景观或传统文化的保护提出具体措施。小组合作为主，可与其他地方的景观保护措施进行比较，然后再提问题	引导学生选取家乡典型的景观进行思考，如永定区传统古村落富川村的特色景观保护、适中土楼裕德楼的保护
提出假设，选择方法，研制工具	提出假设	根据所学知识，结合当地实际，提出保护措施的建议	引导学生采用思维导图的方式，多角度展开思考
	研制工具	拟定采访提纲及实地考察方案	对学生的考察方案和采访提纲进行指导
获取证据	实地考察	到具体的景观处进行实地考察，重点分析该景观所承载的传统文化内涵及正确评估受损程度，如实拍照、摄像、文字记录	保护与发展是一对矛盾，引导学生探究城市发展中如何协调“保护与发展”这一对矛盾

续 表

关键要素	环节	主要活动	教师指导重点
获取证据	实施采访	采访有关部门专业人士	协助学生联系专业人士
提出解释或观念	整理考察活动记录表，整理归纳采访结论	整理填写考察活动记录表及采访记录表，比照之前的建议，讨论完善“建议”	检查落实记录表是否及时、如实、认真填写
	验证假设	综合考察事实和采访结论，在专业人士的协助之下对假设进行验证	提醒学生做好过程材料的收集工作
交流、评价探究成果	交流展示	各组以PPT演示文稿为主进行汇报	对成果进行指导、点评
	评价	开展自评、互评	组织学生有序开展评价
反思和改进	反思	反思过程，反思方法，反思态度等	指导学生进行全面反思
	改进	各组依据反思结果，提出改进举措，并对可以及时改进的地方进行改进	督促落实

参考：关于“保护城乡特色景观和传统文化的措施”的作业设计：请在充分调研的基础上拿出“龙岩采茶灯文化的特色景观设计”。

方向三：优秀传统文化经典研究

1. 教学目标

厚植中华文化底蕴、涵养家国情怀、增强社会关爱、提升人格修养、铸牢中华民族共同体意识、坚定文化自信。注重文化熏陶与实践养成，把跨越时空的思想理念、价值标准、审美风范转化成学生的精神追求和行为习惯。

2. 活动方式

考察探究。

3. 活动课时

课内6课时+课外若干课时。

4. 活动准备

阅读相关文献资料，搞清楚如下几个问题：什么是传统文化？传统文化的内涵是什么？了解传统文化的主要内容（核心思想理念、中华传统美德、中华人文精神等的具体内容），了解当地非物质文化遗产的传承现状及相关的保护制度。查找当地优秀传统文化经典作品（戏曲、书法、传统体育、高雅艺术等）。

5. 教学过程（见表5–24）

表5–24　教学过程概述

关键要素	环节	主要活动	教师指导重点
发现并提出问题	分析所搜集的资料	交流本主题活动前所搜集的资料，交流各自对传统文化内涵及主要内容的理解，再将手头所掌握的资料进行分析、归类	重点引导学生归纳、概括、提升
	提出问题	每个小组综合所掌握的资料及自己感兴趣的文化内容或者自己家乡的特色文化提出可深入探究的问题	引导学生结合自我、生活、校园文化建设等方面进行思考。如：我与传统文化、传统文化与当地人民生活的关系、传统文化进校园等
提出假设，选择方法，研制工具	提出假设	每个小组确定选题，填写开题报告书，认真研究所确定的选题，在小组讨论及教师指导下，提出假设，明确探究方向	指导学生规范书写开题报告。重点指导课题的规范陈述及课题的研究目标、内容。传统文化涵盖的面比较广，学生的选题往往会太大，教师在指导中要及时帮助学生把握好
	研制工具	拟定采访提纲及实地考察方案，如果是选择“传统文化进校园”的课题，还要撰写相应的实施方案，落实可行性。以小组为单位开展活动，所研制的工具要进行交流、试用、修正	对学生的考察方案和采访提纲进行指导
获取证据	实地考察	考察传统文化传承得特别突出的乡镇或学校等其他单位	考察前指导学生明确考察的地点及考察的对象，考察后指导学生填写考察报告。重点要突出传统文化对当地的影响。同时要引导学生思考考察中的新发现

续 表

关键要素	环节	主要活动	教师指导重点
获取证据	实施采访	采访龙岩汉剧、山歌剧的表演艺术家，采访龙岩著名的书法家及其他高雅艺术的代表人物，或者采访乡镇领导或学校领导等主要人物。 采访传统美德家庭	协助学生联系专业人士
提出解释或观念	整理考察活动记录表，整理、归纳采访结论	整理填写考察活动记录表及采访记录表，小组讨论，提炼整理考察及采访的结论，以及有无新的创新性的想法或者建议	检查落实记录表是否及时、如实、认真填写
	验证假设	综合考察事实和采访结论，在专业人士的协助之下对假设进行验证。如，经考察、采访，某个传统文化经典项目可以进校园，符合前期的假设	提醒学生做好过程材料的收集工作。指导学生要充分考虑验证假设的步骤和方法。一定要科学、规范、严谨
交流、评价探究成果	交流展示	各组以PPT演示文稿为主进行汇报，同时各个小组要展示各自所践行的传统文化	对成果进行指导、点评。教师重点要对学生的展示维度进行启发引导，鼓励学生多元展示研究及实践的成果。邀请民间专家到场参加学生的成果汇报会
	评价	开展自评、互评，专家点评	组织学生有序开展评价
反思和改进	反思	反思目标达成情况及整个研究过程，反思方法，反思态度等。以书面反思和口头交流为主	指导学生进行全面反思。传统文化的内涵特别深厚，反思过程中尽量覆盖，以达到深化活动效果的目的
	改进	各组依据反思结果，提出改进举措，并对可以及时改进的地方进行改进	督促落实。同时指导学生及时转化研究成果，积极践行中华优秀传统文化的精神内核

专题活动二：家乡文化宣传

家乡总在牵动着我们的情思：名山大川、寻常巷陌、小桥人家……我们生于斯、长于斯，在这里经历鲜活的体验，留下生命的印痕，有许多难以割舍的记忆。这一单元所说的家乡，主要指我们居住的城乡社区。家乡文化既是中国文化的重要组成部分，也是我们个体精神生活的重要依托。

1. 教学目标

在深入了解家乡的人和物，关注家乡的文化与风俗，深入认识家乡的基础上，能够走出教室，走进社区，走向社会，向不同的群体宣传家乡文化，增强文化自信。

2. 活动方式

社会服务。

3. 活动课时

课内3课时+课外若干课时。

4. 活动准备

搜集家乡风景名胜、历史人物、特色乡俗、典型建筑、名人故里、土特产以及文化遗产等资料，深入了解家乡文化。

5. 教学过程（见表5–25）

表5–25　教学过程概述

关键要素	环节	主要活动	教师指导重点
明确服务对象与需求	选择服务对象（1课时）	在前期考察探究的基础上，讨论家乡文化可宣传的内容，讨论重点服务人群，可通过调查确定服务对象，可依据地域社区确定服务对象。依据不同的服务对象进行分组	引导学生思考如何确定重点服务对象
	调查了解服务对象的需求（课外）	小组分工合作，设计调查问卷或者采访提纲，并实施调查，明确服务对象的需求	引导学生挖掘家乡传统文化的特色，从正面、侧面多方面去了解服务对象的需求
制订服务活动计划	制订服务活动计划（课外）	依据服务对象的需求，讨论确定服务目的、服务内容、服务时间、服务方式，制订详细的服务活动计划	引导学生尽量以多种形式开展服务，以生动活泼的方式，宣传家乡的传统文化

续 表

关键要素	环节	主要活动	教师指导重点
制订服务活动计划	讨论计划的可行性（1课时）	小组汇报展示各自的服务活动计划，其他小组进行点评，并提出修改建议	让其他学生从服务对象的角度去评价汇报小组的服务内容、服务方式是否可以接受，同时，对照服务目的，思考该小组的服务内容及服务过程最终能否达成目的。提醒学生要站在家乡传统文化代言人的高度去思考如何有效地宣传好家乡的文化
开展服务行动	依据服务计划开展服务活动（课外）	各小组在组长的组织下，有序开展服务活动。以图像或视频方式记录服务过程。每一次服务均要撰写服务日记	规范服务日记的写作要求。提醒学生外出服务过程要注意安全、礼貌
反思服务经历，分享活动经验	整理服务日记，反思服务经历（课外）	以小组为单位，对服务日记进行整理，开展组内互评，各组推选优秀的服务日记。各组开展服务过程的自评和互评，重点反思过程、反思方法、反思态度等	指导学生要依据服务计划进行反思，重点思考本组的服务是否真正达到宣传家乡传统文化的目的，能否让服务对象入脑入心。组织学生开展自评、互评活动
	汇报服务经历及活动经验（1课时）	各组将服务过程的图像或视频资料及服务过程体会、反思、经验等文字资料，整理成PPT形式进行汇报，并进行自评和互评	对学生的汇报进行及时有效的点评，并对整个活动进行总结提炼

专题活动三：传承家乡优秀传统文化

文化是民族生存和发展的重要力量。习近平总书记强调：“没有中华文化繁荣兴盛，就没有中华民族伟大复兴。”党的十九届五中全会《建议》指出：“传承弘扬中华优秀传统文化。”传承弘扬中华优秀传统文化，是推进社会主义文化强国建设、提高国家文化软实力的重要内容。传承弘扬中华优秀传统文化，必须坚持创造性转化、创新性发展。

本专题重点在于引导学生关注和传承家乡传统文化，特别是要积极关注并努力传承家乡非物质文化遗产，非遗的价值不仅仅在于物质本身，更在于非遗所承载的文化记忆。因此，要积极挖掘和创新非遗中所蕴含的美，让体现中国传统审美的元素融入现代生活，让人们记住文化的乡愁。

因此，本专题可以有如下几个体验方向：方向一，寻找共同的文化记忆；方向二，创新家乡传统文化传播方式。

方向一：寻找共同的文化记忆

1. 教学目标

（1）营造良好的有利于传承弘扬家乡优秀传统文化的校园氛围，开展多种形式的文化活动，让学生在实践中体悟中华优秀传统文化，不断增强对中华优秀传统文化的认同感。

（2）辩证地看待传统文化，领会对中华优秀传统文化进行创造性转化、创新性发展的重要意义，弘扬民族精神。体验龙岩非遗文化的丰富性、多样性，了解龙岩传统手工艺者的职业生活，进行见习体验，感受非遗。

2. 活动方式

职业体验。

3. 活动课时

课内5课时+课外若干课时。

4. 活动准备

阅读相关文献资料，如《光影里的文化记忆》《文化记忆与地方认同》《二十四节气中的传统文化记忆》等，对本专题关键词“文化记忆”有初步的认识。

5. 教学过程（见表5–26）

表5–26　教学过程概述

关键要素	环节	主要活动	教师指导重点
选择或设计职业情境	交流文献阅读体会	对主题“文化记忆”做较为深入的交流探讨，思考“寻找共同的文化记忆”这个主题的核心灵魂	组织学生广泛交流，并做较为深入的思考，重点引导学生归纳、概括、提升
	讨论可供选择的职业（1课时）	学生围绕家乡传统文化的相关内容讨论可供选择的职业。 非遗传承人：选择一项非遗项目，或唱或演或制作……	组织学生开展头脑风暴，集思广益，尽可能打开职业选择面，让学生有更多的思考和选择

续 表

关键要素	环节	主要活动	教师指导重点
选择或设计职业情境	选择职业（课外）	组织选择职业。学生通过查阅资料，了解将要体验的职业的基本要求。通过走访该职业的工作者，了解他们具体的日常工作及工作中需要掌握的基本技能	引导学生对职业精神、职业要求、职业的准入门槛等相关知识进行扫盲
实际岗位演练	组内模拟（1课时）	学生围绕所选职业分组讨论模拟要点，并进行模拟，记录模拟过程中出现的困难以及需要课后深入探究的问题或者细节，然后各组派代表进行交流	引导学生按照所选职业的职业要求进行模拟，找出实际困难，以便后期在跟岗见习时能够针对性地解决问题。各组交流时，教师要组织其他小组踊跃建言献策，产生思维碰撞，激发创造力
	实际岗位见习（课外）	依据所选的职业，利用课余时间，确定并跟随一位从业人员进行跟岗见习一天，并撰写跟岗体验日记	对特别复杂的岗位，建议学生深入学习，条件许可的情况下，延长见习时间
	演练展示（1课时）	各个小组选派代表进行演练展示，小组其他成员依据需要配合演练。组内自评、组间互评。 有特殊场地需求的，演练可以以视频方式呈现。如厨师职业体验，将烹饪家乡传统菜肴的视频呈现出来展示	引导学生按各个岗位要求严格模拟，特别是要注意一些细节。例如，体验汉剧演员职业的，要注意表演服饰及妆容要求，体验厨师职业的，要注意厨师的着装要求等
总结、反思和交流经历过程	总结、反思（课外）	学生各自撰写体验心得，做好总结和反思	督促每个学生认真严肃地对待这份作业
	交流体验（1课时）	学生按小组上台，汇报本组同学职业体验的心得及反思，其他小组进行评价	对学生的体验进行评价，对职业精神进行提升
概括提炼经验，行动应用	做好实际操作计划（1课时）	各职业体验小组按自己本组前期的体验经历，拟定行动应用前的操作计划	指导学生在制订计划时要充分考虑计划的可行性

续 表

关键要素	环节	主要活动	教师指导重点
概括提炼经验，行动应用	行动应用（课外）	以多种形式开展行动应用。例如，为孤寡老人送一份自己煮的美食，在社区介绍家乡非遗项目从业者的职业特点及职业追求	联合学校各部门，对学生的行动应用予以支持，鼓励学生走上社区，为社区服务，充分展示青年学生的精神风貌，积极宣传家乡优秀的传统文化，体验感悟传统文化传承者的自豪感，提升文化自信

方向二：创新家乡传统文化传播方式

1. 相关教材

高中语文学习任务群2“当代文化参与”，学习任务群3“跨媒介阅读与交流”，高中艺术必修课程模块2“艺术与文化”，高中英语选择性必修，信息技术选择性必修，《关于实施中华优秀传统文化传承发展工程的意见》。

2. 教学目标

（1）提高跨媒介分享与交流的能力，提高理解、辨析、评判媒介传播内容的水平，以正确的价值观审视信息的思想内涵，培养求真求实的态度。

（2）倡导中华美学精神，推动美学、美德、美文相结合。

（3）能够尝试制作数字化学习资源并利用网络来分享。

（4）能感受中华文化艺术的独特魅力，增强文化身份认同和文化自信。

（5）关注中外文化的差异与融通，正确认识和对待他国文化，吸收中外文化精华，积极发展跨文化沟通的策略和能力，增强国家认同，坚定文化自信，自觉传播和弘扬中国特色社会主义文化。

3. 活动方式

职业体验、社会服务。

4. 活动课时

课内6课时+课外若干课时。

5. 活动准备

聚焦家乡传统文化（风景名胜、历史人物、特色乡俗、典型建筑、名人故里、土特产）的相关现象，自主梳理材料，就如何传播社会主义核心价值观、弘扬中华文化精神、反映中国人审美追求等专题做好交流研讨准备。

6. 教学过程（见表5–27）

表5–27　教学过程概述

关键要素	环节	主要活动	教师指导重点
选择或设计职业情境	从传播角度寻找可选择的职业（1课时）	（1）讨论家乡传统文化传播现状，现有的主要传播渠道，牵涉哪些职业，讨论后进行整理归纳。 （2）涉及的职业可能有编导、记者、主持、制作、广告与文化经济活动策划等	了解多种传播媒介的优缺点，介绍传播学有关知识，引导学生处理好继承与创新的关系
	选择职业（1课时）	依据职业分组： 摄影师：拍摄龙岩非物质文化遗产的传承人及其相关作品。 主持：主持一台家乡传统文化歌舞晚会，撰写主持稿，模拟主持。 记者：采写家乡传统文化宣传稿。 广告策划：制作若干版家乡传统文化宣传广告（媒体不限）。 导游：当地导游。 讲解员：家乡博物馆讲解员……	提醒学生注意所选择的职业一定是要从事家乡传统文化传播工作的
实际岗位演练	讨论职业特点，思考创新点（课内1课时+课外辅导）	按所选职业进行分组，相同职业的为一组，然后探讨如何进行创新，从文字、思路、手段、音乐、审美等角度去思考，充分发挥职业特点和职业优势。如果是进行文学创作，则要进行创作题材的收集、创作手法的创新。如果进行广告策划，则要考虑美学、传播学相关理论知识	倡导中华美学精神，推动美学、美德、美文相结合。对新媒体相关传播作品进行指导（信息技术学科教师），或对艺术表演方面开展指导（音乐教师），或对传播的文字稿进行指导（语文教师、英语教师）
	模拟演练（2课时）	以小组为单位，进行模拟演练。各小组进行自评、组间互评。学生在模拟演练前布置好模拟情境	引导学生模拟情境布置可以充分利用多媒体设备

续 表

关键要素	环节	主要活动	教师指导重点
实际岗位演练	开展服务活动（课外）	选择可以服务他人的项目，小组讨论服务方案，明确分工，然后开展服务活动	教师现场指导，保障安全
总结、反思和交流经历过程	总结、反思（课外）	总结反思职业体验的得失、服务活动的成败、对劳动价值及家乡传统文化的价值进行重新认识。每个学生均撰写好总结反思的文字材料	指导学生进行全面反思。提出总结反思的具体要求，并督促学生完成好该项作业
	交流、反馈（1课时）	总结反思较好的或者较典型的同学做交流汇报，其余同学参与点评及讨论	教师做好组织工作，并设计好评价要点。关注学生参与的态度及活动过程中的心路历程变化
概括提炼经验，行动应用	提炼传播内容，优化传播方式	各个小组在前期活动基础上，进一步对本组的传播内容进行提炼加工，同时进一步优化传播方式，考虑如何将传统文化融入百姓的现代生活	引导学生举一反三，思考这项任务的现实性意义及今后可能的前景
	呈现传播的作品	摄影师组开展龙岩非物质文化遗产摄影展；栏目策划组与电视台联手让策划方案得以应用……	引导学生注意分析研究与参与传播建设相结合，提高学生综合实践能力

7. 活动资源

（1）龙岩市博物馆及各县市博物馆。

（2）龙岩市文化馆及各县市文化馆。

（3）研学基地。

参考文献

［1］河北日报评论员. 加强文化遗产保护传承　推动文化和旅游深度融合发展［N］. 河北日报，2021-09-05.

［2］梁军，唐海莲. 红色文化与中华优秀传统文化叠加传承的实践路径［J］. 内蒙古农业大学学报（社会科学版），2021（4）.

[3] 施立平. 让优秀传统文化在校园生根发芽 [N]. 中国教师报，2021-09-08.

[4] 刘晓春. 弘扬优秀传统文化视野下的春节习俗研究 [D]. 济南：齐鲁工业大学，2020.

[5] 马超. 中华民族"四个伟大精神"的优秀传统文化底蕴研究 [D]. 成都：西南民族大学，2020.

[6] 王拥，张浩. 弘扬传统文化　坚持守正创新——对话安康汉调二黄研究院院长袁小龙 [N]. 安康日报，2021-09-08.

高中“综合实践活动学科”单元活动作业设计：道德模范人物专访

一、设计背景

从2007年开始，全国道德模范的评选表彰活动每两年举办一届。品德凝聚人心，榜样感动中国。道德模范表彰工作持续开展，推动全社会形成崇德向善、见贤思齐、德行天下的社会氛围，兴起崇尚模范、关爱模范、争当模范的时代风尚。2023年年初，第四届龙岩市道德模范评选结果揭晓，评选出各行业、各领域精神文明建设中涌现出的先进典型30名。一个个道德模范，他们用一点一滴、一言一行，展示了高尚的精神境界和可歌可赞的道德风采，更彰显了龙岩市精神文明建设的丰硕成果。让我们一起来感受向善的力量。

二、主题说明

本主题旨在培养学生的家国情怀，提升责任担当意识，宣扬崇德向善、见贤思齐的社会文明新风尚。

本主题以采访道德模范人物的活动为主线，以人物专访采访稿及人物专访专题片为最终的成果展示形式，以环环相扣的系列活动为载体，考察探究后定采访主题及采访方案，职业体验的采访过程和制片过程，创意物化为最终可供发布的成果。

本主题适宜在高中阶段开展。人物专访比一般的访谈法难度更大，本主题要求有较高的文字处理能力、语言表达能力、音乐创作能力及音频、视频处理能力。学生在完成本主题活动后，可提升上述多方面的能力。

三、设计理论

1. 深度学习理论

深度学习也被译为深层学习。1976年，在瑞典工作的两位美国学者马顿（Ference Marton）和塞勒（Roger Saljo）联名发表的《学习的本质区别：结果和过程》，在该文中他们首次提出了深层学习即深度学习这个概念。深度学习理论认为学习既是个体感知、记忆、思维的认知过程，也是根植于社会文化、历史背景、现实生活的社会建构过程。我国黎加厚教授给深度学习下了一个十分精辟的定义，他认为深度学习是在理解的基础上，学习者能够批判性地学习新思想和事实，并将它们融入原有的认知结构中，能够在众多思想间进行联系，并能够将已有的知识迁移到新的情境中，进行决策和解决问题的学习。

2. 活动内容选择与组织原则

《中小学综合实践活动课程指导纲要》中所提出的活动内容选择与组织的原则：自主性、实践性、开放性、整合性、连续性。

3. 实践活动主要方式及关键要素阐述

《中小学综合实践活动课程指导纲要》中对综合实践活动的主要方式及关键要素的阐述，如考察探究的关键要素包括：发现并提出问题；提出假设，选择方法，研制工具；获取证据；提出解释或观念；交流、评价探究成果；反思和改进。设计制作的关键要素包括：创意设计；选择活动材料或工具；动手制作；交流展示物品或作品；反思与改进。职业体验的关键要素包括：选择或设计职业情境；实际岗位演练；总结、反思和交流经历过程；概括提炼经验，行动应用。

四、作业目标

1. 价值体认

树立崇德向善、见贤思齐的社会文明新风尚，感受以张一鸣、王兴、廖杰远等为代表的企业家的家国情怀与责任担当，激励自我、勇担使命、奋发作为。

2. 责任担当

能够打破学科界限，开展跨领域、跨学科学习，在与家庭、学校、社区的持续互动中，拓展活动时空和活动内容，使自己的个性特长、实践能力、服务精神和社会责任感获得一定的发展。

3. 问题解决

在采访过程中能根据实际需要，对活动的目标与内容、组织与方法、过程与步骤等做出动态调整，使活动不断深化。在全身心参与的活动中，发现、分析和解决问题，体验和感受生活，发展实践创新能力。

4. 创意物化

能针对采访目的，深入了解被采访对象，撰写出较为优秀的采访稿。能熟练运用信息技术、音乐、美术等学科素养制作出多媒体采访专题片，体现个人、社会、自然的内在联系，强化科技、艺术、道德等方面的内在整合。

五、活动方式

考察探究、设计制作、职业体验。

六、活动对象

高一、高二学生。

七、活动时长

10周。

八、单元活动作业时间安排（见表5-28）

表5-28 “硬核抗疫”人物专访单元活动作业安排

<table>
<tr><th colspan="2">活动时间</th><th>学生活动</th><th>活动方式</th><th>关键要素</th></tr>
<tr><td rowspan="3">第一阶段
（准备阶段）</td><td>第1周</td><td>学习采访方法</td><td>考察探究</td><td>发现并提出问题；获取证据；提出解释或观念</td></tr>
<tr><td>第2周</td><td>拟定采访主题
选择采访对象
制定采访方案</td><td>考察探究</td><td>发现并提出问题；获取证据；提出解释或观念</td></tr>
<tr><td>第3周</td><td>联系采访对象撰写采访提纲</td><td>考察探究</td><td>提出假设，选择方法，研制工具</td></tr>
</table>

续 表

活动时间		学生活动	活动方式	关键要素
第一阶段（准备阶段）	第4周	采访记者演练 摄影记者演练	职业体验	实际岗位演练 概括提炼经验
第二阶段（实施阶段）	第5周	实施采访活动 拍摄采访过程	职业体验	行动应用
第三阶段（制作阶段）	第6周	剪辑采访视频 配上采访字幕	设计制作	创意设计；选择活动材料或工具；动手制作
	第7、8周	谱写好人短歌 录制抗疫歌曲	考察探究 设计制作	发现并提出问题；创意设计
	第9周	制作片头片尾	设计制作	选择活动材料或工具；动手制作
第四阶段（发布阶段）	第10周	发布采访成果 反思采访活动	设计制作	交流展示物品或作品；反思与改进

九、各周活动作业具体内容

1. 作业创设的情境

2022年10月，为充分展示龙岩市思想道德建设的丰硕成果，凝聚全社会向上向善的强大力量，市委文明办牵头，联合市委宣传部、市直机关党工委、市总工会、团市委、市妇联五个部门和单位开展了第四届龙岩市道德模范评选活动。经过层层选拔、优中选优，共评选出5名助人为乐模范，5名见义勇为模范，5名诚实守信模范，10名敬业奉献模范和5名孝老爱亲模范。这些模范群体有开展公益司法服务的银发先锋罗金钗，有奋不顾身挽救生命的好职工刘琴，有用柔弱双肩扛起家庭重担的好媳妇邱静芳，有恪守诚信回报社会的黄志杰，还有负重前行的公安民警。他们的先进事迹和崇高精神，生动诠释了社会主义核心价值观的丰富内涵，集中体现了思想道德建设的丰硕成果。

全班同学分成“助人为乐、见义勇为、诚实守信、敬业奉献、孝老爱亲”五个小组，分别对应采访其中一位道德模范，也可寻找一位你心中的好人进行采访。

2. 作业分解

（1）拟定采访主题，选择采访对象。

（2）联系采访对象，撰写采访提纲。

（3）实施采访活动，拍摄采访过程。

（4）剪辑采访视频，配上采访字幕。

（5）谱写好人短歌，制作片头片尾。

（6）发布采访成果，反思采访活动。

设计意图：道德，是一种力量，春风化雨、润物无声；好人，是一面旗帜，鼓舞人心、引领方向。引导学生主动采访身边的道德模范，近距离感受榜样温暖人心的道德力量，从而关注各个行业中先进典型所展现出的大爱和担当精神，在了解和采访他们的事迹中学习体认家国情怀和责任担当，培养学生积极、乐观、坚强、善良的品质。对采访作品的拍摄及剪辑要求，目的在于促进学生身心健康、涵养人文精神、提升修养和审美品位。

第一阶段：采访准备阶段（第1—4周）

第1周：课中作业

学生活动内容：学习采访方法。

学生活动1：观看小视频《采访稿怎么写》，思考：撰写采访稿需要注意什么问题？

设计意图：温故而知新。温习以前学过的采访知识，加深对采访技巧的认识，熟悉采访稿的撰写要求。

学生活动2：观看记者对哥伦比亚大学公共卫生学院感染与免疫力中心主任的采访视频，分析、思考如下问题：

（1）做好这个采访，记者采访之前要做好哪些工作；

（2）采访过程中记者问的几个问题有什么关联性；

（3）采访拍摄角度有什么特点；

（4）采访字幕设计有什么特点。

设计意图：直观感受采访技巧在实际采访活动中的运用情况，从专业采访人身上学习借鉴采访礼仪及采访技巧，同时从采访视频的呈现上总结归纳可借鉴的媒体艺术制作特点。

教学方面补充指导要点：教师精选学习视频，精心设计问题，同时鼓励学生提出感兴趣的问题，并及时捕捉活动中学生动态生成的问题，组织学生就问题展开讨论（见表5-29）。

表5-29　道德模范人物专访作业（1）

学校：　　　　年级：　　　　班级：　　　　组长：　　　　指导教师：

作业内容	学习采访方法	总评	
小组成员			
何为“人物专访”	（参考答案：人物专访，是记者请新闻人物就专门性的问题进行解答的一种方式，是记者带着目的对有关人士进行专门的采访）		
判断题	1.在和采访对象紧张交谈的过程中，不要忘了观察周围的环境。（　　） 2.在连续提了若干严肃的问题后，可以适当改换一下话题，然后再转入严肃的提问。（　　） 3.为避免跑题，采访过程中自始至终要按照事先确定的采访提纲进行采访。（　　） （参考答案：1.错，在和采访对象紧张交谈的过程中，要把注意力放在采访对象身上，仔细观察他的表情、动作，不可东张西望，免得人家以为你心不在焉，致使采访进入冷淡。2.正确。3.错，在谈话过程中突然出现更好的主题，也可以灵活进行转变）		
多项选择	1.人物专访的特点（　　） A.特别强调新闻性和现实针对性　　B.特别注意现场活动 C.突出广泛性、深入性　　D.特别突出专题性 2.采访问题设计有何要求（　　） A.围绕主题设计几个重要问题 B.提问内容要内行 C.问题之间要有逻辑上的联系 3.提问方式需要注意：（　　） A.开门见山，简明扼要　　B.提问语开放式 C.提问语要具体忌空洞　　D.必要时可以不懂装懂 4.撰写采访稿需要注意：（　　） A.确定采访目的　　B.确定采访人选 C.了解被采访人　　D.认真设计问题 （参考答案：1.ABD　2.ABC　3.ABC　4.ABCD）		
人物专访与一般访谈法的区别			
观看视频之后的作业	（1）做好这个采访，记者采访之前要做好哪些工作； （2）采访过程中记者问的几个问题有什么关联性； （3）采访拍摄角度有什么特点； （4）采访字幕设计有什么特点		

第2周：课中作业

学生活动内容：拟定采访主题，选择采访对象，制定采访方案。

教学方面补充指导要点：前期重点引导学生构思选题，组织学生就问题展开讨论，确定采访主题。要让学生积极参与活动方案的制定过程，对活动可利用的资源及活动的可行性进行评估，增强活动的计划性，提高学生的活动规划能力。同时，引导学生对活动方案进行组内及组间讨论，吸纳合理化建议，不断优化完善方案（见表5–30）。

表5–30　道德模范人物专访作业（2）

学校：　　　　年级：　　　　班级：　　　　组长：　　　　指导教师：

作业内容	拟定采访主题，选择采访对象，制定采访方案	总评	
采访主题			
采访对象			
采访对象简介			
采访方式			
采访前期工作			
采访后期工作			
可行性分析			
采访注意事项			

第3周：课中+课外

学生活动内容：联系采访对象，撰写采访提纲（见表5–31）。

表5–31　道德模范人物专访作业（3）

学校：　　　　年级：　　　　班级：　　　　组长：　　　　指导教师：

作业内容	联系采访对象，撰写采访提纲	总评	
小组成员			
采访对象		采访准备	

续 表

采访日期		采访地点或采访形式（电话采访/视频采访）：
采访目的		
采访问题设计		
本次活动遇到的困难及克服办法		
教师点评或建议		

教学方面补充指导要点：促进学生积极参与活动过程，体验和感受学习与生活之间的联系。要加强对学生活动方式与方法的指导，帮助学生找到适合自己的学习方式和实践方式。教师指导重在激励、启迪、点拨、引导，不能对学生的活动过程包办代替，还要指导学生做好活动过程的记录和活动资料的整理。组织前两周活动的交流、反思与评价。

第4周：课中作业

学生活动内容：采访记者演练，摄影记者演练（见表5–32）。

表5–32　道德模范人物专访作业（4）

学校：　　　　年级：　　　　班级：　　　　组长：　　　　指导教师：

作业内容	采访记者演练，摄影记者演练		
姓名		参与体验的角色	□采访记者 □摄影记者
胜任该岗位需具备的能力		针对自己所体验的角色，反思自己的长处与短处	
点评两位同学的表现			
自己的表现			

教学方面补充指导要点：以“采访记者”“摄影记者”为两种职业角色，创设真实的职业情境，为学生提供亲身经历与现场体验的机会，促进学生积极参与岗位演练活动。组织学生对演练活动进行反馈、概括、提炼经验，让更多

学生受益。

第二阶段：采访实施阶段

第5周：课外作业

学生活动内容：实施采访活动，拍摄采访过程（见表5-33）。

表5-33 道德模范人物专访作业（5）

学校：　　　　年级：　　　　班级：　　　　组长：　　　　指导教师：

<table>
<tr><td>作业内容</td><td colspan="3">实施采访活动，拍摄采访过程</td></tr>
<tr><td rowspan="3">小组成员及分工</td><td>负责采访</td><td colspan="2"></td></tr>
<tr><td>负责记录</td><td colspan="2"></td></tr>
<tr><td>负责拍摄</td><td colspan="2"></td></tr>
<tr><td>采访主题</td><td colspan="3"></td></tr>
<tr><td>采访对象</td><td></td><td>职业</td><td></td></tr>
<tr><td>采访日期</td><td></td><td>采访地点</td><td></td></tr>
<tr><td colspan="4">采访记录：</td></tr>
<tr><td colspan="4">结果（是否达到目的、解决什么问题、有什么收获和体会）：</td></tr>
<tr><td colspan="4">被访问者的意见或建议（包括对学生和活动的评价）：

签名：</td></tr>
</table>

教学方面补充指导要点：指导学生做好活动过程的记录和活动资料的整理。采访结束后要组织学生进行总结、反思和交流经历过程，概括提炼经验。

第三阶段：专访节目后期制作阶段（第6—9周）

第6周：课外+课内

学生活动内容：剪辑采访视频，配上采访字幕。

教学方面补充指导要点：指导学生会运用“爱剪辑”等视频剪辑软件对采访视频进行剪辑。后期再组织学生对完成的作品进行反思与改进（见表5-34）。

表5-34　道德模范人物专访作业（6）

学校：　　　　年级：　　　　班级：　　　　组长：　　　　指导教师：

作业内容	剪辑采访视频，配上采访字幕	总评	☆☆☆☆☆☆☆☆☆☆	
小组成员及分工				
运用软件				
自评	视频切换自然	☆☆☆☆☆	学习态度积极	☆☆☆☆☆
	画面美观	☆☆☆☆☆	信息素养高	☆☆☆☆☆
	字幕清晰	☆☆☆☆☆	分工明确	☆☆☆☆☆
	字体与画面和谐	☆☆☆☆☆	团结协作配合默契	☆☆☆☆☆
活动心得				
指导教师点评				

第7、8周：课外作业

学生活动内容：谱写好人短歌，录制好人歌曲。

教学方面补充指导要点：指导学生围绕主题筛选有用信息，对现有的宣扬道德模范的歌曲进行分析，大胆创作好人歌曲。指导学生学会运用录音软件录下自己谱写的歌曲（见表5-35）。

表5-35　道德模范人物专访作业（7）

学校：　　　　年级：　　　　班级：　　　　组长：　　　　指导教师：

作业内容	谱写好人短歌，录制好人歌曲		
姓名		本人承担的任务	
小组其他成员			
词作者		曲作者	
演唱者		录音者	
歌词			
曲谱			
对本组成果及成员的表现进行自我评价			
音乐教师点评			

第9周：课外作业

学生活动内容：制作片头片尾。

教学方面补充指导要点：指导学生学会综合运用音频剪辑软件、视频剪辑软件合成完整的人物专访专题片（见表5–36）。

表5–36　道德模范人物专访作业（8）

学校：　　　　年级：　　　　班级：　　　　组长：　　　　指导教师：

作业内容	制作片头片尾	总评	☆☆☆☆☆
设计者		材料提供者	
采用的软件		主要技术人员	
活动中学会的新知识、新技能			
活动中遇到的困难及解决情况			
活动过程自评			
活动成果自评			
信息技术教师、美术老师点评			

第四阶段：成果发布阶段

第10周：课外+课内

学生活动内容：发布采访成果，反思采访活动（见表5–37）。

表5–37　道德模范人物专访作业（9）

学校：　　　　年级：　　　　班级：　　　　组长：　　　　指导教师：

作业内容	发布采访成果，反思采访活动	总评	☆☆☆☆☆
姓名		本人承担的任务	
专题片片名		大小	
小组其他成员			
专题片宣传的主要精神			

续 表

<table>
<tr><td>成果发布范围及影响</td><td colspan="2"></td></tr>
<tr><td rowspan="14">活动过程反思</td><td colspan="2">是否理解了本单元所用到的学科知识</td></tr>
<tr><td colspan="2">是否自学了新的学科知识</td></tr>
<tr><td colspan="2">是否处理获得的信息</td></tr>
<tr><td colspan="2">是否把自己的想法表达出来，参与交流</td></tr>
<tr><td colspan="2">是否解决活动过程中遇到的问题</td></tr>
<tr><td colspan="2">是否全程参与每一次活动</td></tr>
<tr><td colspan="2">对小组的活动是否积极贡献自己的力量</td></tr>
<tr><td colspan="2">是否善于听取和采纳他人的建议</td></tr>
<tr><td colspan="2">是否具备拥有敢于克服困难的勇气和毅力</td></tr>
<tr><td colspan="2">是否具备追求卓越的创新精神</td></tr>
<tr><td colspan="2">是否努力认真地完成自己所承担的任务</td></tr>
<tr><td colspan="2">是否根据实际情况对活动过程做出动态调整，使活动走向深入</td></tr>
<tr><td colspan="2">是否从被采访者身上学习到其优秀品质</td></tr>
<tr><td colspan="2">整体活动对自己的精神成长能有多大的影响</td></tr>
<tr><td rowspan="3">活动成果反思</td><td>人物访谈录撰写情况</td><td></td></tr>
<tr><td>人物专访专题MV录制情况</td><td></td></tr>
<tr><td>片头片尾歌曲创作是否扣紧主题、突出主题</td><td></td></tr>
<tr><td>指导教师点评</td><td colspan="2"></td></tr>
</table>

十、评价特点

内容上，采用材料评价与成果评价相结合；能力上，采用态度评价与质量评价相结合；方法上，采用自评、组评、他评相结合；频率上，采用及时评价、阶段评价、终极评价相结合。

参考文献

[1] Marton F. , Saljo R. On Qualitative Difference in Learning：Outcome and Process [J] . British Journal of Educational Psychology，1976（46）.

[2] 冯锐，任友群. 学习研究的转向与学习科学的形成 [J] . 电化教育研究，2009（2）.

[3] 何玲，黎加厚. 促进学生深度学习 [J] . 现代教学，2005（5）.

[4] 中华人民共和国教育部. 中小学综合实践活动课程指导纲要 [M] . 北京：北京师范大学出版社，2017.

（本文系福建省优秀作业设计）

“玩转绳艺”劳动教育主题作业设计

一、设计说明

依据《关于全面加强新时代大中小学劳动教育的意见》《大中小学劳动教育指导纲要（试行）》《义务教育劳动课程标准（2022年版）》，结合校本选修《绳编》、高中必修课程《通用技术》的选修模块“传统工艺及其实践”并融合“五育”进行作业设计，在劳动教育中融合传统文化教育，发挥劳动的育人功能，诠释“劳动是创造物质财富和精神财富的过程”，对学生进行热爱中华传统文化、热爱劳动、热爱劳动人民的教育活动。

绳艺包含各种线材的编织、钩织、编结、刺绣等民间传统手工艺，且多为非物质文化遗产，从传承与发扬的视角，很有必要在中学生中开展这类传统手工艺的实践活动。基于此，特融合“五育”设计“玩转绳艺”劳动教育主题作业，作业题型丰富，涵盖了基础性作业、综合运用性作业、探究拓展性作业、实践活动性作业四大题型，引导学生用双眼去发现美，用双手去创造美，用智慧去设计美，在实践过程中放松身心、提升素养，学习并传承、弘扬中国传统手工编织技艺。

二、设计目标

（1）以习近平新时代中国特色社会主义思想为指导，挖掘中国传统手工艺“绳艺”在树德、增智、强体、育美方面的育人价值，将培养劳动观念、劳动精神贯穿于劳动教育实践全过程，引导学生树立正确的劳动观念。正确理解劳动是人类发展和社会进步的根本力量，认识劳动创造人，劳动创造价值、创造财富、创造美好生活的道理，尊重劳动，尊重普通劳动者，牢固树立劳动最光荣、劳动最崇高、劳动最伟大、劳动最美丽的思想观念。

（2）统筹劳动教育与通用技术课程的相关内容，从中华优秀传统文化特色项目中选择“绳艺”，让学生掌握基本的绳编知识和技能，掌握基本的编织能力，正确使用编织工具，经历完整的实践过程，增强体力、智力和创造力，提高创意物化能力，养成吃苦耐劳、精益求精的品质，增强生涯规划的意识和能力。

（3）培育积极的劳动精神。领会“幸福是奋斗出来的”的内涵与意义，继承中华民族勤俭节约、敬业奉献的优良传统，弘扬开拓创新、砥砺奋进的时代精神。

（4）了解传统工艺的一般知识，经历传统工艺的项目制作与探究的实践体验，领略传统工艺的文化意蕴和技术特征，培育工匠精神。

三、“玩转绳艺”小主题

主题一　编织：起伏经纬线，装饰文化墙

主题二　编结：潜心非遗传承，绽放编结之花

主题三　钩织：一根小钩针，钩出幸福花

主题四　刺绣：传承刺绣技艺，绣出美好生活

四、适用对象

高中学生。

五、所属任务群

传统工艺制作。劳动课程以培养学生的核心素养为导向，围绕日常生活劳动、生产劳动和服务性劳动，以任务群为基本单元，构建内容结构。2020年3月20日，中共中央国务院颁布的《关于全面加强新时代大中小学劳动教育的意见》中指出“普通高中要注重围绕丰富职业体验，开展服务性劳动、参加生产劳动，使学生熟练掌握一定劳动技能，理解劳动创造价值，具有劳动自立意识和主动服务他人、服务社会的情怀”。《义务教育劳动课程标准（2022年版）》中将劳动课程内容设置为十个任务群，其中，生产劳动包括农业生产劳

动、传统工艺制作、工业生产劳动、新技术体验与应用四个任务群。本作业设计主要适用于传统工艺制作。《普通高中通用技术课程标准（2017年版2020年修订）》中选修模块“传统工艺制作及实践”，其中指出，“传统工艺是人类长期以来采用特定工具与方法进行手工制作的经验凝练和积淀，体现了技术与艺术的有机结合，融入了丰富历史与文化元素，是技术实践体系的重要组成部分”。

主题一　编织：起伏经纬线，装饰文化墙

工业革命之后，机械化作业带来了大规模的批量化生产，手工编织显得更加弥足珍贵，对应的生产成本也越来越高。但手工编织本身手法多变，更能凸显设计的时尚价值，满足个性设计需求。手工编织的这个特点，非常适合校园特色文化表达。运用编织板或者织布机进行的手工编织，属于绳艺中相对比较容易上手的一种工艺（见图5-11）。

图5-11　邱静芳老师手工编织作品

【基础性作业】

作业1. 了解编织用的线材、用途及编织工具。

设计意图：了解编织用的线材种类及用途，为后续编织做好知识铺垫。

检测的知识、能力、方法：

知识：各种线材的材料及用途。能力：搜集整理资料的能力。方法：借助淘宝网站搜集资料的方法。

难度等级：★★

适用类型：课前作业

评价标准：以表格形式完成该项作业，至少写出三种线材及用途。

参考答案（见表5-38）：

表5-38

线材品名	线材成分	用途	图样
凌云	冰岛毛（腈纶） 大肚中粗冰岛毛	挂毯基础纹理编织、 挂毯流苏	
海云·羊毛条	100%羊毛 超粗冰岛毛	编织毛毯、地毯	
五股牛奶棉线	60%棉 40%腈纶	钩编	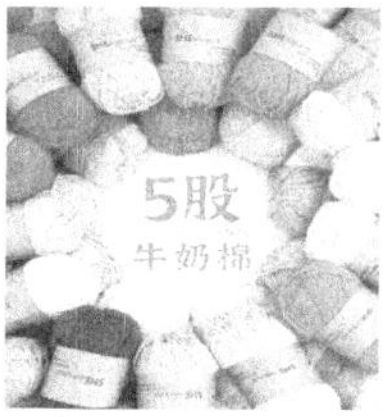
乐晴	冰岛毛（腈纶）	挂毯基础纹理、流苏	
夜曲·波浪大肚纱	腈纶	挂毯基础纹理、流苏	

续 表

线材品名	线材成分	用途	图样
心雨·雨点线	100%全腈	挂毯基础纹理、流苏，手工编织帽子、围巾	
3mm搁浅	冰岛毛（腈纶）	钩针、编织	

编织工具：织布机或编织板，大针眼长针或梭棒。

作业2. 认识经线、纬线，能平整地编织经纬线。

设计意图：初步了解编织工艺的基础性知识，掌握最基本的绕线技能。

检测的知识、能力、方法：

知识：经线、纬线。能力：基础编织能力。方法：调整经纬线疏密的方法。

难度等级：★★

适用类型：课堂作业

评价标准：松紧适度，布线均匀，疏密适宜（见图5-12）。

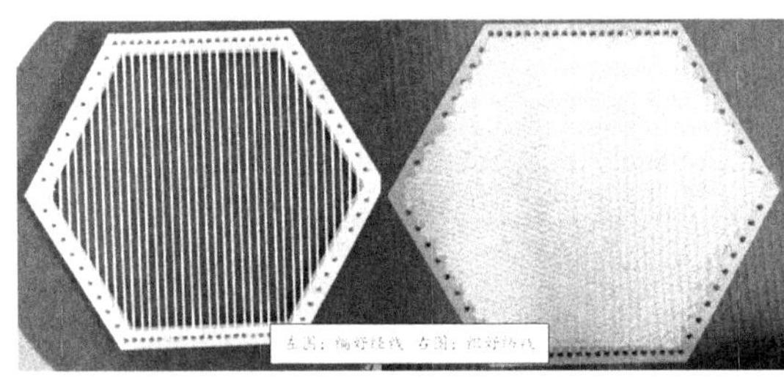

图5-12　邱静芳老师手工编织作品（左图：编好经线　右图：织好纬线）

作业3. 编织基础图案：双苏麦克纹、流苏。

设计意图：初步了解机织的基本纹理，并学习掌握绕线方法。

检测的知识、能力、方法：

知识：单苏麦克纹、双苏麦克纹、流苏。能力：基础编织能力。方法：掌握绕线基本方法。

难度等级：★★★

适用类型：课堂作业

评价标准：松紧适度，布线均匀，疏密适宜，颜色搭配协调（见图5-13）。

图5-13　邱静芳老师手工编织作品

【综合运用性作业】

自购一款机织挂毯材料包，完成一幅完整的机织作品。

设计意图：除了经线、纬线，能够综合运用至少两种以上编织手法，编织出完整的作品，巩固编织基本功，体会编织的乐趣。

检测的知识、能力、方法：

知识：经纬线的编织、各种图案的编织技巧。能力：依据不同线材设计不同处理方式的审美设计能力。方法：对线材的估算方法。

难度等级：★★★★

适用类型：课后作业

评价标准：构图精美或者雅致，经纬线匀称，多层次性，能综合运用多种手法（见图5-14）。

图5-14　邱静芳老师手工编织作品

【探究拓展性作业】

撰写一篇研究论文，以绳子编织工艺为例（也可以藤编工艺为例），阐述传统编织工艺的技术特征，理解传统编织工艺与技术的关系，阐述传统编织工艺与现代编织工艺的传承与发扬的关系。

设计意图：在前期实践的基础上，通过理论研究提升理论水平，从时空维度综合提升审美能力，在劳力上劳心，融合劳育、智育、美育，提高学生综合素养。

检测的知识、能力、方法：

知识：编织工艺的美学标准。能力：多方查找资料的能力、围绕核心问题整合分析材料的能力、撰写研究论文的能力。方法：掌握研究论文的撰写方法。

难度等级：★★★★

适用类型：课后作业

评价标准：有论文摘要、关键词、正文、参考文献；论文主体思路清晰，观点鲜明，内容丰富，阐述道理逻辑严密（见图5-15）。

图5-15　邱静芳老师手工编织作品

【实践活动性作业】

调查走访当地的编织达人（含爱好者和从业者），采访当地群众，了解当地传统编织工艺的市场价值和人文价值及其传承现状，分析未来发展趋势（不一定局限于绳编，也可以是竹编或者藤编，选取当地一种比较流行的编织工艺进行调查实践即可）。

设计意图：深入了解编织行业的现状，能够运用所学的政治经济学知识去分析市场，能够带着绳子编织的体验，去理解编织这一行业的酸甜苦辣，做好调查走访工作，理论与实践相结合，提升综合素养。

检测的知识、能力、方法：

知识：编织工艺的市场价值、人文价值的定义及影响分析。能力：调查走访的实践能力、各方面组织协调能力。方法：调查采访的方法。

难度等级：★★★★

适用类型：课后作业

评价标准：有调查走访的过程照片或音视频资料，有采访记录，有针对性采访调查的总结性总结报告文本。

主题二　编结：潜心非遗传承，绽放编结之花

先秦古籍中对结绳记事多有记载，如《庄子·胠箧》中便说："民结绳而用之。"结绳并非很简单地在绳上打个结，而是要在绳上组成不同大小或形状的结来代表不同的含义。东汉郑玄在《周易注·系辞下传》中提到结绳记事的方法："事大，大结其绳；事小，小结其绳。"这种解释并不全面，古人在绳结的形状或花式上应该也会动脑筋（见图5-16）。

图5-16　邱静芳老师手工编织作品

【基础性作业】

作业1. 查阅资料，说说中国结的历史文化和来历、寓意。

设计意图：初步了解中国结的相关历史文化，增强文化认同感，提高民族文化自信。

检测的知识、能力、方法：

知识：中国结的历史来源、绳结寓意。能力：自如运用搜索引擎，围绕关键词查找资料、整理资料。方法：掌握查找资料和整理资料的方法。

难度等级：★★★

适用类型：课前作业（见图5-17）

图5-17　邱静芳老师手工编织作品

参考答案：中国结全称为“中国传统装饰结”，又称“盘长结”。盘长从首到尾由一根完整的丝线编制而成，意为连绵不绝，源远流长，体现了先人的智慧和生命追求。由于年代久远，其历史贯穿于人类史始终，漫长的文化沉淀使得中国结渗透着中华民族特有的文化精髓与文化底蕴。

中国结始于上古，兴于唐宋，盛于明清。寻找中国结的源头可以追溯到文字发明以前的结绳记事。在没有文字的时代，结绳是古人对信息的记录形态。多与“神”事有关，“神”与“绳”谐音，中国文化在形成阶段，曾经崇拜过绳子。据文字记载：“女娲引绳在泥中，举以为人。”又因绳像盘曲的蛇龙，中国人是龙的传人，在史前时代，龙神的形象，是用绳结的变化来体现的。“结”字也是一个表示力量、和谐，充满情感的字眼，无论是结合、结交、结缘、团结、结果，还是结发夫妻，永结同心，“结”给人都是一种团圆、亲密、温馨的美感。“结”与“吉”谐音，“吉”有着丰富多彩的内容，福、禄、寿、喜、财、安、康无一不属于吉的范畴。“吉”就是人类永恒的追求主题，“绳结”这种具有生命力的民间技艺也就自然作为中国传统文化的精髓，兴盛长远规划，流传至今。“结”与天、地、人现象相对应。上古时期，结绳不仅是作为一种装饰的形态存在，而且承担着记述历史、传播文明的责任。

历代文人墨客对“结”有大量生动的描写，纵观中国古代的诗词歌赋，从中不难发现，绳结作为寄情寓意的象征物，早已超越了原有的实用功能，并伴随着中华民族的繁衍壮大，生活空间的扩展，生命意义的增加和社会文化体系的发展而世代相承。

中国结艺术作为一种民间吉祥艺术，它的发展历史是一部充满生命色彩和吉祥美好愿望的生存艺术史，是民间群体生存情感的象征和表达。民间艺术的吉祥主题正是民众最本能的“生存和繁衍”的追求。中国结艺术正是作为民间吉祥艺术的一个情感象征体系，以艺术的手段表现了中国人的吉祥观念，反映了人们驱邪、纳福的心理追求（见图5-18）。

参考答案出处：

百度文库（https：//wenku.baidu.com/view/ef0fa8ea172ded630b1cb6cc.html）

图5-18　邱静芳老师手工编织作品

作业2. 认识中国结常用编织绳，查阅资料，写出种类、粗细、材质、用途等。

设计意图：初步了解中国结常用编织绳的相关知识，既扩大知识面，同时也为后面的实践做好铺垫。

检测的知识、能力、方法：

知识：中国结常用绳的种类、结构成分。能力：查找资料、整理资料的能力，展示交流的能力。方法：整理资料的方法。

难度等级：★★★

适用类型：课前作业

参考答案见表5-39：

表5-39

手链手绳：72号，A线，7号	中国结：5号，6号，7号
编织脚链：72号，A线，7号	小中国结随身挂饰：72号，A线，B号，7号
编织戒指：6股，9股，71号，72号	编硬币：一般用72号
缠绕戒指：6股，9股，71号	转运珠：一般用5号，6号，7号，72号
编子弹壳：72号	黄金店：一般用5号，6号，7号，72，A线
挂绳项链：72号，A线	流苏：3股线，6股，71号

作业3.查阅资料，说说中国绳结与Macrame绳编的异同点。

设计意图：培养国际视野，了解民间两种最具代表性的绳结文化，为日后的融合创新打下基础（见图5-19）。

图5-19　邱静芳老师手工编织作品

检测的知识、能力、方法：

知识：中国绳结与Macrame绳编的异同点。能力：能广泛收集资料、辩证分析资料、做出科学合理的分析和判断。方法：辩证思维方法。

难度等级：★★

适用类型：课前作业

参考答案：中国古典绳结系列，基础结有平结、猴拳结、金刚结、蛇结、吉祥结、双联结、双钱结、盘长结等，线材以玉线为主。

Macrame绳编系列，突出平结（旋转结、交叉平结）、卷结（斜卷结、横向卷结、纵向卷结）、定位结（云雀结、反云雀结、双头反云雀结）等基础绳结编织，线材以棉绳为主。

中国古典绳结多体现中国“福”文化，寓意吉祥如意、安康长寿、扶正驱邪等。

Macrame（也叫Macramé ）手工绳艺，和中国传统编织的中国结有一些类似，如使用打结的方法制作。传说中，Macramé 这个词来自13世纪的阿拉伯语Migramah，意为Fringe（穗子），在高温炎热的沙漠中，赶路人常常把这种穗子装饰在骆驼和马匹身上驱赶蚊蝇。另有一种说法是，Macrame来自土耳其语Makrama（餐巾、毛巾），用于专门固定这些织物的边缘。最早记录使用Macramé 风格结装饰是出现在巴比伦人和亚述人的雕刻中，曾经把这种风格的绳艺编织用在服装上。而后，Macramé 从北非出发，传至西班牙，再传到法国，甚至传播到整个欧洲［作者：最潮科技（https：//www.bilibili.com/read/cv14337826）（出处：bilibili）］（见图5-20）。

图5-20　邱静芳老师手工编织作品

作业4. 观看微视频，在老师的指导下完成盘长结、藻井结、金刚结、蛇结、双钱结等基础结的编结。

设计意图：初步了解中国结常用基础结的相关知识，通过多次反复练习，掌握基础结的编织要领，同时也为后面的综合实践打好基础。

检测的知识、能力、方法：

知识：中国结基础结的有关知识。能力：中国结基础结的编织能力。方法：中国结绕线、抽线的方法。

难度等级：★★★★★

适用类型：课堂作业

参考答案（见表5-40）：

表5-40

基础结名称	简单介绍	编织好的基础结照片	评价标准
盘长结	盘长结是中国传统手工编织工艺品，属于中国结之一，又称线圈结、庙宇结、黄花结、2×2神秘结。象征着心物合一、无始无终、永恒不灭的最高境界，因此受到人们的极度重视。盘长结是象征回环贯彻，是万物的本源，是最重要的基本结之一，经常是许多变化结的主结，也因为中国结具有紧密对称的特性，所以在感官视觉上容易为一般人所喜爱		紧致、匀称
藻井结	藻井结结构紧凑，其中央似井字，周边为对称的斜纹，形如天井而得名藻井结，井与锦同音，亦称藻锦。藻井是一种装饰图案，藻井结可说是一个装饰结，也可连续数个藻井结编成手镯、项链、腰带，非常结实美观	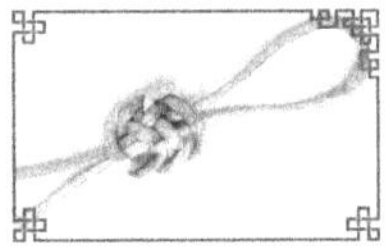	紧致、匀称
金刚结	公元前860年前后，占巴南喀的长子才翁仁孜写的《长寿经》云："诸寿终、寿减之有清，黎明起身面向东方，诵此秘咒，白线打二十一结系于头顶，能令寿终、寿减者延长一百零八岁，往生得见金刚长寿佛，于法性光明之界得菩萨正果耶。"几千年前就有长寿金刚结和降魔结等之类。金刚结最早来自西藏雍仲本教，后来其他教派也开始吸收使用	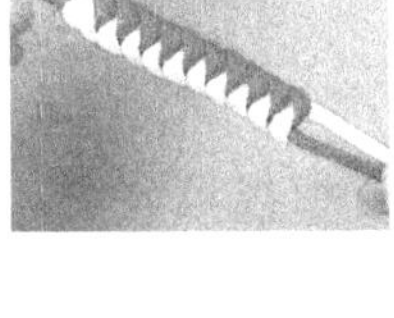	紧致、匀称

续 表

基础结名称	简单介绍	编织好的基础结照片	评价标准
双钱结	双钱结是古老的中国传统手工编织工艺品，属于中国结的一种。双钱结又称金钱结或双金线结，即以两个古铜钱状相连而得名，象征“好事成双”。古时钱又称为泉，与“全”同间，可寓意为“双全”。 中国结作为古老的传统民间艺术，当代多用来室内装饰、亲友间的馈赠礼物及个人的随身饰物。因为其外观对称精致，可以代表中华民族悠久的历史，符合中国传统装饰的习俗和审美观念，故命名为中国结		紧致、匀称

作业5. 运用平结、双头反云雀结编织鞭炮。

设计意图：基础结初步运用，新手锻炼用，编结一个鞭炮耗时不长，可以让学习者短时间内完成作品，获得成就感，提升兴趣（见图5–21）。

图5–21　邱静芳老师手工编织作品

检测的知识、能力、方法：

知识：平结。能力：分工与合作的能力、平结的编织能力。方法：掌握鞭炮的编结方法。

难度等级：★★

适用类型：课堂作业

评价标准：主体部分是标准的圆柱体，每个结松紧一致，收口处的线处理隐蔽。

【综合运用性作业】

以小组为单位，运用基础结编织挂式花兜及玫瑰花，装饰墙面。

设计意图：一个作品往往耗时很长，非常能磨炼一个人的意志，运用基础结编织完整作品，能从感性上去理解绳子编结艺术之美，同时所编结的作品又能美化居室，增强学生的审美意识，提升创造美的能力。

检测的知识、能力、方法：

知识：花兜的设计知识，色彩搭配知识。能力：小组分工合作能力、基础绳结编结能力。方法：掌握花兜及玫瑰花的编结方法。

难度等级：★★★★★

适用类型：课堂作业

评价标准：基础结紧致、匀称，整体效果好，花兜收束和缓，流苏部分长短适宜；玫瑰花的卷结紧密匀称，花瓣合拢错落有致，花托与花瓣组合自然（见图5-22）。

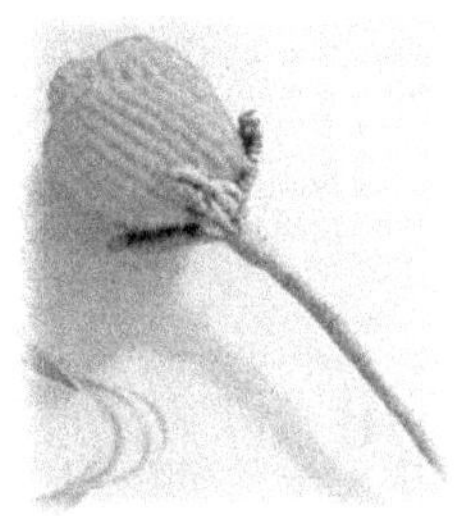

图5-22　邱静芳老师手工编织作品

【探究拓展性作业】

2022年冬奥会雪花引导牌的设计灵感来自中国结，雪花的六个棱角就是中国结的样式。请查找资料，寻找中国结的元素在其他设计领域的融合情况，说明传统中华文化元素的现代影响力。

设计意图：从国家大型活动中一个小小的中国结寻找传统文化元素的国际影响力，进而拓展探究整个中华民族传统文化的国际影响力、现代影响力，增强民族文化自信力。

检测的知识、能力、方法：

知识：了解设计的知识，特别是运用传统文化元素进行创新设计的知识。能力：小组分工合作能力、对资料进行分析整合的能力。方法：了解新工艺、新方法。

难度等级：★★★★★

适用类型：课后作业

评价标准：有完整的过程性材料，研究论文格式正确，过程资料翔实，语言流畅，条理清晰，能充分说明中华传统文化元素的现代影响力（见图5–23）。

图5–23　邱静芳老师手工编织作品

【实践活动性作业】

调查走访当地编织工艺小商品市场，特别是一些卖手链、钥匙扣、玉饰挂件、把件的店家，了解当地手编工艺品的市场生存现状，并对流行的手编工艺品进行相应的技术探究与工艺分析，将分析结论写进调查报告。

设计意图：运用所学知识调查市场，丰富职业体验，了解工艺品的市场价值和人文价值，培养社会责任感。

检测的知识、能力、方法：

知识：手工艺品的技术探究与工艺分析。能力：小组分工合作能力、采访能力、市场调查能力。方法：掌握工艺分析方法。

难度等级：★★★★★

适用类型：课外作业

评价标准：有调查走访的过程照片或音视频资料，调查报告格式正确，过程资料翔实，语言流畅，条理清晰，分析入理，结论明确，参考文献格式规范。

主题三 钩织：一根小钩针，钩出幸福花

钩针编织技艺历史悠久，随着时代的发展，这项传统手工艺在传承中不断与现代时尚进行结合，钩针编织不仅用于生活需要的实用品，还进入艺术的范畴，人们通过不断的实践与探索，在材料和技法上不断创新，其兼具功能性与审美性。手工钩针编织的过程是创造美的过程，比起工业化大批量生产的产品，手工钩针编织更具亲和力与创造性。2022年冬奥会的颁奖花束采用了上海市非遗项目——“海派绒线编结技艺”钩编而成的永不凋谢的绒线花，带火了手工编织（见图5–24）。

图5–24 邱静芳老师手钩作品

【基础性作业】

作业1. 查阅资料，了解钩针工艺的历史。

设计意图：了解钩针工艺的历史背景，增长钩针编织文化，了解这一传统手工艺的中西文化背景。

检测的知识、能力、方法：

知识：钩针工艺的历史来源。能力：搜集资料的能力。方法：搜集资料的方法。

难度等级：★★★

适用类型：课前作业

参考答案：钩针工艺最早起源于19世纪的欧洲，因为没有适合的工具，就只是用手简单地组合缠绕。之后受到当时工业革命、艺术思潮、社会革新等各方面影响，钩针工艺从最初的“织”变化到“结”，钩针工具和制作形式得到

完善开发，手工编结技艺在多数发达国家最先得到普及。从发展历程来看，钩针工艺由于材料简易，织作手法、花型有很强的可塑性，再加上处于中外交流、世界大变动的时代背景下，手工钩针很快在全世界传播盛行。钩针工艺与机械化生产不同，编织过程带有很强的创意性和可变动性，这让钩针工艺往后的发展不只是局限于平面化织物，更多地被应用于服装服饰、装饰品上，特别是在蕾丝品上的表现。钩针工艺作为传统符号，实践者开始将手作工艺与现代潮流结合，把握传统与创新、艺术、设计这几个方面，展现传统编织工艺的独特魅力［孙凯琳，王建芳. 钩针工艺在纤维艺术中的设计表达［J］. 艺术研究，2022（2）］。

钩针编织来源于阿拉伯半岛、南美洲、中国。普及的时间和地点可能是在1800年的欧洲，最早的手工编织是为了满足人们生活所需。起初的编织是没有工具的，人们用手进行编织。18世纪法国出现一种在绣绷上刺绣的手法称之为“tambour”，其工具即为最早的钩针［吴路路，姬益波. 钩针编织工艺在现代服饰中的实践探索与创新［J］. 西部皮革，2021（24）］。

“crochet”（钩针）是英文单词，最早是源于中东法语单词“croche”或“croc”，它与中世纪法语单词“hook”（钩）和挪威古文“krokr”同义。在中国被称之为“钩针编织”和“钩编”，它在不同的国家还有不同的名称，比如在一些西欧国家像法国、比利时它被称为“crochet”，但在北欧很多国家都有不同的称呼，如在丹麦和挪威称之为“hekling”，在荷兰被称为“haeken”（荷兰钩），而瑞典称之为“virkning”。通过已知考古发现、书面文字资料记载和各种绘画图案表现，钩针的历史可追溯到早些时间其他形式的手工技术，如针织、刺绣和编织。对于钩针起源的问题有各样的说法（李泓萱. 传统钩针编织的发展及创新应用的研究［D］. 成都：四川师范大学，2015）。

关于钩针最早的记录出现在伊丽莎白·格兰特的《高地夫人回忆录》，里面有关牧羊人编织的记录。1824年荷兰*Pénélopé*杂志上有关编织图案或者钩针的装饰，是首本有关钩针方面公开发行的书籍。有人认为钩针在19世纪依旧是新鲜事物，1847年出版的《冬天的礼物》详细说明了钩织图案的制作方法。早期关于钩针的书籍是1846年和1847年的《戈地夫人之书》，直到1848年“钩针”这个词的拼写才得以以标准化的方式出现（李泓萱. 传统钩针编织的发展及创新应用的研究［D］. 成都：四川师范大学，2015）。

作业2. 读懂钩针符号图，在老师示范钩法之后完成下表。重点学习六种钩针基础针法：锁针起针、环形起针、短针、中长针、长针、引拔针（见表5-41）。

表5-41

符号	解说	符号	解说
X		F	
V		EV	
A		FA	
W		FW	
M		FM	
T		E	
TV		EV	
TA		EA	
TW		EW	
TM		EM	
CH		BLO	
SL		FLO	
K		H	

设计意图：读懂符号，提高钩针编织的学习力。

检测的知识、能力、方法：

知识：钩针符号及对应的钩织方法。能力：识记能力。方法：通过实践识记钩针符号的方法。

难度等级：★★★

适用类型：课堂作业

参考答案（见表5-42）：

表5-42

符号	解说	符号	解说
X	短针	F	长针
V	1针目钩2个短针	EV	1针目钩2个长针

续 表

符号	解说	符号	解说
A	2短针合并为1短针	FA	2长针合并为1针
W	1针目钩3个短针	FW	1针目钩3个长针
M	3短针合并为1短针	FM	3长针合并为1针
T	中长针	E	长长针
TV	1针目钩2个中长针	EV	1针目钩2个长长针
TA	2中长针合并为1针	EA	2长长针合并为1针
TW	1针目钩3个中长针	EW	1针目钩3个长长针
TM	3中长针合并为1针	EM	3长长针合并为一针
CH	锁针	BLO	钩内半针
SL	引拔针	FLO	钩前半针
K	空针	R	行数

【探究拓展性作业】

作业1. 阐述传统钩针编织的种类。

设计意图：了解钩针编织的种类，增长钩针编织文化知识，了解这一传统手工艺的中西文化背景。

检测的知识、能力、方法：

知识：钩针编织的种类。能力：搜集资料的能力。方法：搜集资料的方法。

难度等级：★★★

适用类型：课前作业

参考答案：钩针编织技艺通过长期的发展，不断地发生变化和更新。在不同的国家，根据当地气候和地域特点，产生了很多不同的钩针工艺，比如：方网钩针编织（Filetcrochet）、突尼斯钩针编织法、帚形钩蕾丝（Broomsticklace）、双头钩针编织（Cro-hook）、簪形钩蕾丝（Hairpinlace）、爱尔兰钩针编织法（Irishcrochet）。其中有两种最为特别的钩针编织工艺，它们分别是突尼斯钩针编织和爱尔兰钩针编织（李泓萱.传统钩针编织的发展及创新应用的研究［D］.成都：四川师范大学，2015）。

作业2. 查阅资料，结合实践体会，了解钩针编织的技法特征及艺术特征。

设计意图：提高钩针编织的理论知识，提高审美能力（见图5-25）。

图5-25　邱静芳老师手钩作品

检测的知识、能力、方法：

知识：钩针编织的技法特征及艺术特征。能力：理论学习能力。方法：通过知网查找资料的方法。

难度等级：★★★

适用类型：课后作业

参考答案：

钩针编织的技法特征：钩针是钩针编织最重要的工具，在材质上，铝制与塑胶或木质是比较常见的，钩针的型号从0.5mm到3.5mm不等，最常用的钩针大小是2.5mm到19mm（美制为B号到S号），当然也有粗的针，比较特殊的长钩针被称为突尼斯钩针。钩针编织是创造织物的一种方式，通过一根针将一条线打活结充作一环，接着将钩针从第一环穿入将线钩出，这样一直用起立针钩出一排辫子针，钩织出需要的针数后，接着将织物翻转，继续钩织，这就是片钩。采用这种钩法织出的织物多为平面，例如毯子。倘若想要立体的织物则需要环形起针，将线环绕在手上形成一个环，即环形起针，然后在环里钩针，钩到需要的针数，之后根据需要进行加针、减针。不同的编织手法可以表现出不同的效果，其中针法也是各有不同［吴路路，姬益波. 钩针编织工艺在现代服饰中的实践探索与创新［J］. 西部皮革，2021（24）］。

现代手工钩针编织的艺术特征：灵活性、装饰性、多样性、亲和力。钩织的灵活性主要体现在针法的变化与组织，以及钩织过程的无定式。钩针编织的花形具有较强的装饰性，在服装服饰上局部应用钩织技术，可以起到很好的装饰效果。钩编的织物造型具有多样性，可以平面也可以立体，并且可以做到非常细微的立体造型变化，这种特性是由钩针的独特针法决定的——一针一针地累积与变化，还有组织结构的可塑性强。现代钩织正以多样的时尚表现形式受到更多人的关注和喜爱。手工编织物的亲和力强，这个特性是由编织纤维的特性决定的，加上手工编织的情感温度，更增强了这种亲和力。手工钩织的织物还具有舒适透气与柔软微弹的特性，在视觉和触觉上更显温婉知性，在服装设计风格中能凸显女性的柔和与雅致，在家居设计中可以中和石材、金属等其他材质的硬冷，使家居更具温暖感［彭晨晨，孙晔，兰之馨，李洋. 与时俱进的手工钩针编织［J］. 轻纺工业与技术，2021（7）］。

【综合运用性作业】

作业1. 依据提供的符号图，钩编一颗“龙岩花生”。

花生

R1：环起6针，SL

R2：起立针，半条线2（1V，1X，1V）SL

R3：起立针，2（4X，1V），SL

R4：起立针，4（2X，1V），SL

R5：起立针，4（3X，1V），SL

R6—R7：起立针，20X，SL

R8：起立针，4（3X，1A），SL

R9：起立针，2（6X，1A），SL

R10：起立针，14X，SL

R11：起立针，2（6X，1V），SL

R12：起立针，4（3X，1V），SL

R13—R14：起立针，20X，SL

R15：起立针，4（3X，1A），SL

R16：起立针，4（2X，1A），SL

R17：起立针，2（4X，1A），SL

R18：起立针，5A，SL（见图5-26）

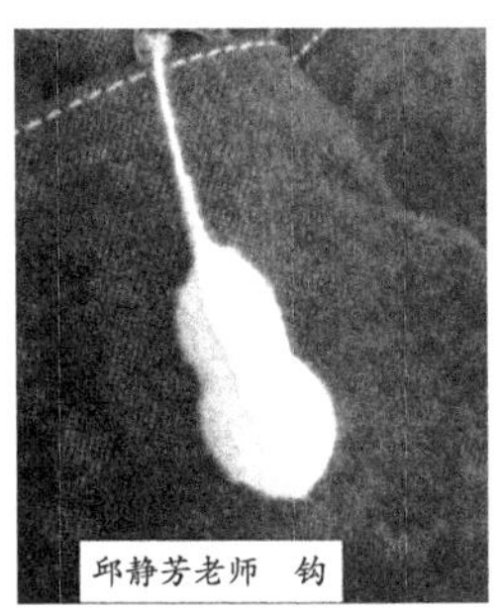

图5-26　邱静芳老师手钩作品

设计意图：运用学过的钩针基础，钩织一个小物件，训练读符号的能力，提高钩针编织的学习力。

检测的知识、能力、方法：

知识：钩针符号及对应的钩织方法。能力：钩针使用技巧。方法：钩织的方法。

难度等级：★★★★

适用类型：课堂作业

评价标准：花生饱满，有形，针线纹理匀称，松紧适度。

作业2. 2022年北京冬奥会和冬残奥会均采用手工绒线编结花束作为颁奖花束，由玫瑰、月季、铃兰、绣球、月桂和橄榄等花型组成。请上网搜索其中一种花的钩织图谱进行钩织。

设计意图：运用学过的钩针基础，发挥读图能力，以钩织奥运颁奖花同款花型的形式，感受花卉意蕴，体会奥运精神，享受钩织之美。

检测的知识、能力、方法：

知识：钩针符号及对应的钩织方法。能力：钩针使用技巧。方法：钩织的方法。

难度等级：★★★★★

适用类型：课后作业

评价标准：花型美、叶型美、整体造型美。

【实践活动性作业】

以小组为单位，完成该项作业：走访（或电话采访）钩针编织艺人，调查了解现代手工钩针编织产品的市场，从传统与现代的碰撞及钩针工艺在美学领域、服饰领域等关系的角度探讨手工钩针编织设计的发展趋势。

设计意图：走进社会，走近钩针编织艺人的织艺人生，运用所学设计美学知识去思考探究更广的发展空间，增强社会责任感，提高综合素养。

检测的知识、能力、方法：

知识：采访知识、钩针工艺的美学知识、工艺设计理论、装饰美学等理论知识。能力：调查采访的能力、分工合作的能力、综合思维的能力。方法：市场调查的方法、综合思维及分析的方法、撰写论文的方法。

难度等级：★★★★★

适用类型：课后作业

评价标准：有调查走访的过程照片或音视频资料，有总结性论文，有创新性思考。

主题四　刺绣：传承刺绣技艺，绣出美好生活

用绷架把画好底图的绢绸或棉布绷紧，再用彩色的丝线穿针引线，绣出一幅幅美丽的图案，这就是刺绣。我国的手工刺绣工艺，已经有2000多年的历史了。刺绣用的丝线色彩达几百种，绣出的图案层次丰富，就像用彩画笔画出的一样，各地不同的工艺也都积累了上百种针法和绣法。

【基础性作业】

作业1. 写出刺绣手工艺的特点、刺绣线材结构成分、刺绣分类。

设计意图：初步了解刺绣手工艺的基础性知识，为后面的实践做好铺垫（见图5-27）。

图5-27　邱静芳老师刺绣作品

检测的知识、能力、方法：

知识：刺绣手工艺特点、刺绣线材结构成分、刺绣分类。能力：自如运用搜索引擎，围绕关键词查找资料、整理资料。方法：能通过多种途径查找资料。

难度等级：★★

适用类型：课前作业

参考答案：

刺绣手工艺的特点：图案娟秀整齐，色彩艳丽而又清新高雅，工艺精美细腻，令人心生感慨。

刺绣线材：绣线一般分棉质绣线、丝质绣线、化纤线、金银线、绒线等。根据绣地以及绣品要求选择不同的绣线。

手工刺绣分类：按产地分为苏绣、蜀绣、湘绣、粤绣等；按线材分为丝线绣、丝带绣、绒线绣等。

作业2. 描述中国四大名绣的主要技术特征，理解传统手工艺与技术的关系。

设计意图：中国很多民族都有自己的独特刺绣，以四大名绣为切入口，可以进一步了解手工刺绣的工艺特点，加深对手工刺绣的理解。

检测的知识、能力、方法：

知识：中国四大名绣的主要技术特征。能力：自如运用搜索引擎，围绕关键词查找资料、整理资料。方法：能通过多种途径查找资料。

难度等级：★★

适用类型：课前作业

参考答案：

粤绣产自广东。据记载，明代广州的刺绣艺人已经能够娴熟地运用各色丝绒线刺绣，还创造性地将孔雀毛编成绒缕用作绣线，使绣品璀璨夺目。同时，刺绣艺人还用马尾毛缠绒作勒线，勾勒图案轮廓。粤绣色彩浓郁艳丽，对比强烈，图案饱满均匀，对称整齐，装饰性强。

苏绣产自苏州。苏绣具有图案秀丽、色彩文雅、针法活泼、绣工精细的风格，人们称赞它有平、齐、细、密、匀、顺、和、光八大特点。

蜀绣产自四川成都地区。蜀绣针法细密，共有100多种，针脚平齐，绣法多变，绣出的图案色泽光亮，富有立体感，能表现出明暗、粗细、软硬、松紧、深浅、冷暖的不同层次。

湘绣产自湖南。湘绣具有构图严谨、色彩鲜明的特点。针法有70多种，使用色线有100多种。20世纪70年代和80年代，艺人们发明了“双面异色绣”和“双面全异绣”（见图5–28）。

图5–28　邱静芳老师刺绣作品

作业3. 学习基本绣法：轮廓绣、叶子绣、缎面绣、雏菊绣、结粒绣、回针绣、长短针绣、锁链绣等。

设计意图：由浅入深，从最基本的绣法开始，掌握基本绣法，相当于掌握了刺绣的语言，帮助打好刺绣基本功。

检测的知识、能力、方法：

知识：基础绣法的名称及具体绣法。能力：能够匀称地绣好基本图案。方法：掌握基本绣法。

难度等级：★★★

适用类型：课堂作业

评价标准：针脚细密、排线严实、结构匀称为佳品。

图5–29　邱静芳老师刺绣作品

【综合运用性作业】

根据画好的图案，完成一幅完整的刺绣作品。

设计意图： 综合运用两种以上绣法，绣出完整的作品，巩固刺绣基本功，增强文化自信（见图5-30）。

图5-30　邱静芳老师手绣作品

检测的知识、能力、方法：

知识：手工刺绣的基本顺序、基础绣法。能力：不仅能绣好基本图案，还能综合多种绣法完成一幅作品。方法：耐心细致地绣好一针一线。

难度等级： ★★★★

适用类型： 课后作业

评价标准： 针脚细密、排线严实、结构匀称为佳品（见图5-31）。

图5-31　邱静芳老师手绣作品

【探究拓展性作业】

作业1. 运用自己搜集和整理的资料，说明某区域刺绣（如陕北刺绣、彝族

刺绣、苗族刺绣、西秦刺绣、蒙古族刺绣、扬州刺绣、壮族刺绣等）的特点与技能、风俗风情、文化价值，理解工艺大师、优秀匠人的人生追求和工匠精神的本质。

设计意图：扩大知识面，了解中国刺绣博大精深的文化价值，习得工匠精神。

检测的知识、能力、方法：

知识：某区域民俗风情与刺绣的历史文化。能力：从技术到技艺的升华，提高审美能力。方法：掌握运用全面观点、发展观点综合多方面的知识了解某一个具体的工艺。

难度等级：★★★★

适用类型：课后作业

评价标准：收集的资料丰富，整理有条理，能有自己的思考，并将所收集整理的资料做成PPT演示文稿，图文并茂地向他人展示交流。

作业2. 举例说明中国刺绣的传承与发扬路径，从网上查找并下载一份刺绣作品进行评价和鉴赏。

设计意图：了解当前各地手工刺绣的传承现状，引发对当地手工刺绣传承现状的思考；学会鉴赏刺绣作品，提高审美能力。

检测的知识、能力、方法：

知识：刺绣作品评价鉴赏知识。能力：分析能力、鉴赏能力。方法：通过知网查找资料的方法、提高审美能力的方法。

难度等级：★★★

适用类型：课后作业

评价标准：资料翔实，阐释文本不少于2000字，条理清晰，结论清楚具体；所选择的刺绣作品精美，鉴赏有一定的理论高度，评价角度多元。

【实践活动性作业】

作业1. 调查走访当地刺绣手艺人，了解刺绣作品的种类及其市场价值与人文价值。

设计意图：能够根据调查目的设计调查提纲，并走近当地手工刺绣艺人进行真实的调查和走访，获得第一手资料，不仅培养合作、协调、沟通等人际交往能力，还能促进对手工刺绣现状的思考。

检测的知识、能力、方法：

知识：市场价值、人文价值的概念含义。能力：调查能力、采访能力、人际交往能力、综合分析能力。方法：通过实地调查走访搜集资料的方法。

难度等级：★★★

适用类型：课后作业

评价标准：有调查走访的过程照片或音视频资料，对当地刺绣作品的种类及其市场价值与人文价值有总结性阐述的文本资料（见图5-32）。

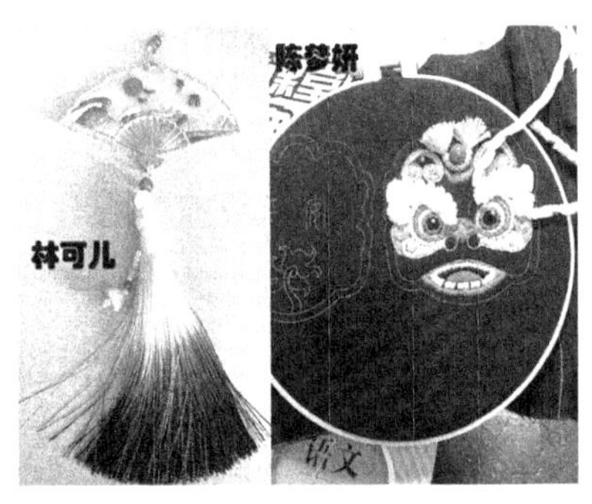

图5-32　学生手绣习作

作业2. 尝试从工匠的视角审视并实践刺绣工艺。

设计意图：带着手工刺绣艺人的匠心、技艺、情怀去实践手工刺绣，完成一个刺绣作品，培养文化自信。

检测的知识、能力、方法：

知识：工匠精神的内涵。能力：刺绣技艺。方法：融合现代元素，创新传承传统技艺的方法。

难度等级：★★★★★

适用类型：课后作业

评价标准：绣品精致、色彩和谐、针脚齐整、不露底面，为佳品（见附表5-43和表5-44）。

附：

表5-43　“玩转绳艺”传统工艺制作任务群完成情况综合评价表

<table>
<tr><td>参与的劳动主题</td><td colspan="3">□主题一　编织：起伏经纬线，装饰文化墙
□主题二　编结：潜心非遗传承，绽放编结之花
□主题三　钩织：一根小钩针，钩出幸福花
□主题四　刺绣：传承刺绣技艺，绣出美好生活</td></tr>
<tr><td>作业类型</td><td>参加的劳动项目</td><td>劳动时长</td><td>劳动表现</td></tr>
<tr><td>基础性作业</td><td></td><td></td><td></td></tr>
<tr><td>综合运用性作业</td><td></td><td></td><td></td></tr>
<tr><td>实践活动性作业</td><td></td><td></td><td></td></tr>
<tr><td>探究拓展性作业</td><td></td><td></td><td></td></tr>
<tr><td colspan="4">劳动成果</td></tr>
<tr><td>成果名称</td><td colspan="3">成果简介</td></tr>
<tr><td></td><td colspan="3"></td></tr>
<tr><td colspan="4">劳动测评</td></tr>
<tr><td>测评任务</td><td colspan="3">任务表现</td></tr>
<tr><td></td><td colspan="3"></td></tr>
<tr><td>综合评价结果</td><td colspan="3">□优秀　□良好　□合格　□不合格</td></tr>
</table>

表5-44　“玩转绳艺”传统工艺制作任务评价标准

核心素养	主要表现特征
劳动观念	热爱绳艺，能够从中感受到美的熏陶，愉快地参与活动
劳动能力	知道绳（线）工艺设计与制作的一般原理和方法，熟练掌握基本的编、织、钩、绣技法，设计与制作简单的作品，色彩和谐，构图设计合理，造型美观，绳（线）布排布均匀
劳动习惯和品质	认真完成编织任务，编织过程中注意力集中，按需取线、用线，不浪费线材，规范使用工具，保持四周地板整洁，能主动整理桌面，将废弃的线头投入指定的垃圾桶
劳动精神	遇到困难努力解决，对作品品质要求高，精益求精